小学校１・２年生

国語あそび ファックス資料集 改訂版

近野十志夫 著

民衆社

この本の特長と活用の手引き
―言語活動の充実に向けて―

子どもは、決して学習・勉強がきらいではありません。

学習というものが、子どもにとって興味・関心のあるもので、楽しいものであればなおのことです。こうした子どもたちの興味を引き出す学習方法があれば、それはとても望ましいことです。

子どもたちにとっての興味とは何でしょう。それは遊びです。遊びは、子どもたちの成長・発達に欠かすことのできない活動なのです。子どもたちは、派手で、スリリングなゲームソフトに夢中です。これらは確かに、子どもをワクワクさせる面白い遊びではあります。推理、記憶力を働かせる側面もありますが、多くは、直感、瞬発力、手先の動きなど、感覚にまかせる要素が多く、本来の学習活動としての「考える」「発展的に考える」というような力に対してはおろそかになっていると思われます。

遊んだり勉強したりする働きは大脳がつかさどっています。見る、聞く、手足を動かす、判断する、新しいことを考える、覚えるなどということは、大脳の別々の部分で行われます。ですから、瞬間的な判断ができるようになったり、手足を器用に動かせるようになったりすることと、「よく考える」「発展的に考える」などということとでは、脳の働く場所も違うのです。「考える」ためには「考える脳」を鍛えておく必要があるのです。

ところが現実には、国語でいえば、漢字の丸覚えをするような学習方法になり、子どもたちの興味、関心を無視して行われがちです。確かに、短い期間に集中的に漢字を覚えるためには、書き取りや漢字テストのような反復練習を含んだ学習が必要なことはいうまでもありません。しかしこのような反復練習は勉強のための勉強になってしまい、子どもたちの関心を呼び起こすことができません。

先に述べたように、子どもは遊びが大好きです。昔から伝わるしりとり遊びや、なぞなぞ遊びが、子どもたちの脳を発達させるためにどれだけ大きな役割を果たしてきたでしょう。パズルやクロスワード、迷路なども同様です。遊びを取り入れた学習は、長続きもしますし、知らず知らずのうちに理解度を深めていきます。こうした遊びは、脳の「新しいことを考え出す」、「関連して考える」という働きを習慣的に使い、鍛えていくのです。

この本は、小学校指導要領で分類されている、「A話すこと・聞くこと」、「B書くこと」、「C読むこと」の３項目及び「伝統的な言語文化と国語の特質に関する事項」から、小学校１、２年生に合わせた問題をクイズやパズルに置き直して出題し、低学年の子どもに最適な編集をしています。

現代の子どもたちには、読解力の不足や、知識や技術を活用する問題に課題があると指摘されています。すべての教科において言語活動を充実させ、思考力・判断力・表現力などを育成すること、つまり人間として生きる力を育てることに取り組む必要があると言われています。こうしたことをふまえ、この本では、いわゆる国語の問題とは少々違い、なぞなぞ、しりとり、だじゃれなど、子どもたちが大好きな言葉遊びに加えて、慣用句、故事成語なども学年に応じて取り入れてあります。ですから、指導要領で目標としている「言語感覚を養う」ことや、「我が国の言語文化を継承・発展させる態度を育てる」という点についても十分に活用できるでしょう。

この本では、各章を分野別に分け、ページを進むごとに漢字や言葉の使い方が習熟できるようになっています。同じ章を進むことによって、反復して確実に身につけ、章を変えることによって、言語の知識が広がるようになっています。どこからでも、子どもの興味・関心に合わせて自由に使ってください。楽しみながら遊び感覚で、学校でも、家庭でも、友達同士とでも、そして一人でも言語感覚を養うことのできる、勉強を遊びにした本です。

この本のクイズやパズルがこれらの能力を育て、漢字や言葉に興味を持てなくなっている子どもたちの興味と関心を呼び起こすことに、いくらかでも役に立つことができれば幸いです。

目　次

この本の特長と活用の手引き　―言語的活動を通して―　――――――――2

Ⅰ　漢字の形でクイズ　― 漢字の成り立ちから構成 ―　9

かん字のへんしん ― しぜんの形① ― ―――――― 10
かん字のへんしん ― しぜんの形② ― ―――――― 11
かん字のへんしん ― 体の形 ― ―――――― 12
かん字のへんしん ― 人のすがた ― ―――――― 13
かん字のへんしん ― 生きものの形 ― ―――――― 14
かん字のへんしん ― ものの形 ― ―――――― 15
かん字のへんしん ― もののようす ― ―――――― 16
かん字のへんしん ― 組み合わせた形 ― ―――――― 17
かん字なぞなぞ① ―――――― 18
かん字なぞなぞ② ―――――― 19
かん字なぞなぞ③ ―――――― 20
かん字算数なぞなぞ ―――――― 21
かん字のたし算できるかな？① ―――――― 22
かん字のたし算できるかな？② ―――――― 23
かん字とカタカナのたし算 ―――――― 24
かん字たし算 ―――――― 25
カタカナたし算 ―――――― 26
カタカナをさがせ！ ―――――― 27
かん字とんちクイズ ―――――― 28
かん字色色クイズ ―――――― 29
ぬけているのはなあに？ ―――――― 30

Ⅱ　文字のかくれんぼあそび
―文字の違いを見つける楽しみ＝観察力―　31

かくれんぼひらがなさがし ―――――― 32
かくれんぼカタカナさがし ―――――― 33

かくれんぼかん字さがし① 34
かくれんぼかん字さがし② 35
かくれんぼかん字さがし③ 36
かくれんぼかん字でことば作り① 37
かくれんぼかん字でことば作り② 38
かくれんぼかん字でことば作り③ 39
かくれんぼかん字でことば作り④ 40
かくれんぼかん字でことば作り⑤ 41
かくれんぼかん字でことば作り⑥ 42

Ⅲ クロスワードあそび ―語彙を広げる― 43

２つのことばクロス 44
４つのことばクロス 45
ことばのかいだん① 46
ことばのかいだん② 47
ミニミニクロスワード① 48
ミニミニクロスワード② 49
どんなことばが出てくるかな？① 50
どんなことばが出てくるかな？② 51
ことばばらばらじけん 52
ほねほねクロスワード① 53
ほねほねクロスワード② 54
ほねほねクロスワード③ 55
クロスワード① 56
クロスワード② 57
クロスワード③ 58
ことばのかくれんぼ ―生きものさがし― 59
ことばのかくれんぼ ―食べものさがし― 60
ことばのかくれんぼ ―魚さがし― 61
ことばのかくれんぼ ―虫さがし― 62

Ⅳ いろいろなパズルで楽しむ漢字 63

— 漢字の読み書き・画数・部首 —

おくりがな　まちがいさがし① —— 64

おくりがな　まちがいさがし② —— 65

４つのことば　とじこめパズル —— 66

かん字の読み方めいろ —— 67

読み方ハチのすめいろ —— 68

まちがいふりがなさがし —— 69

まちがいかん字さがし —— 70

正しいかん字　ハチのすめいろ —— 71

正しいかん字　あみだくじめいろ —— 72

正しいかん字　はしわたりめいろ —— 73

かん字つなぎ　ひもめいろ —— 74

ことば作り　矢じるしめいろ —— 75

「こう」さがし　草むらめいろ —— 76

かん字　読みのかぎめいろ —— 77

６画のかん字　しまわたりめいろ —— 78

かん字の画数めいろ —— 79

かん字画数　線つなぎ① —— 80

かん字画数　線つなぎ② —— 81

かん字ばらばらじけん —— 82

同じ部首はいくつある？ —— 83

どんなかん字が出てくるかな？ —— 84

Ⅴ 言葉あそび〈なぞなぞ・しりとり・ことわざ・慣用句など〉 85

— 言葉の使い方を広げる —

おかしな五十音なぞなぞ① —— 86

おかしな五十音なぞなぞ② —— 87

五十音かくれんぼなぞなぞ —— 88

１文字ことばをさがそう —— 89

点点クイズ 90
なぞなぞ「たい」のまき 91
なぞなぞ「とり」のまき 92
おもしろことばなぞなぞ① 93
おもしろことばなぞなぞ② 94
ことばはじめはじめなぞなぞ 95
ことわざに出てくるどうぶつなあに？① 96
ことわざに出てくるどうぶつなあに？② 97
体のことば、どのぶぶんかな？① 98
体のことば、どのぶぶんかな？② 99
「すらすら」パズル 100
「あるある」パズル 101
さかさまことば① 102
さかさまことば② 103
だじゃれことばあそび① 104
だじゃれことばあそび② 105
しりとりめいろ① 106
しりとりめいろ② 107
ことばのめいろでなぞなぞ！ 108

Ⅵ 漢字をこわしてあそぶ ― 漢字の構成を楽しむ ― 109

半分かん字　わかるかな？① 110
半分かん字　わかるかな？② 111
半分かん字　わかるかな？③ 112
ばらばらかん字　わかるかな？① 113
ばらばらかん字　わかるかな？② 114
ばらばらかん字　わかるかな？③ 115
ばらばらかん字　わかるかな？④ 116
ばらばらかん字　わかるかな？⑤ 117
ばらばらかん字　わかるかな？⑥ 118
どの数字が入るのかな？ 119

まちがって作ったはんこはどれ？ —— 120
かがみにうつった習字 —— 121
マスクとがんたいをしたかん字 —— 122
雲がくれ　かん字クイズ —— 123
かくれかん字あてクイズ —— 124

Ⅶ 漢字ロジックあそび ―漢字を作るよろこび＝注意力― 125

かん字ロジック ― 犬さがし ― —— 126
かん字ロジック ― 貝さがし ― —— 127
かん字ロジック ― 曜日さがし ― —— 128
ペアのかん字さがし① —— 129
ひとりぼっちのかん字さがし① —— 130
かん字ロジック ― ことばさがし① ― —— 131
かん字ロジック ― ことばさがし② ― —— 132
ひらがなロジック ― どうぶつさがし ― —— 133
ひらがなロジック ― しなものさがし ― —— 134
かん字ロジック ― まちがいさがし① ― —— 135
かん字ロジック ― 休さがし ― —— 136
かん字ロジック ― 科さがし ― —— 137
かん字ロジック ― 牛さがし ― —— 138
ペアのかん字さがし② —— 139
ひとりぼっちのかん字さがし② —— 140
きせつと方角さがし —— 141
ひらがなロジック ― 虫さがし ― —— 142
ひらがなロジック ― 鳥さがし ― —— 143
かん字ロジック ― ことばさがし③ ― —— 144
かん字ロジック ― まちがいさがし② ― —— 145
かん字ロジック ― ごんべんさがし ― —— 146
かん字ロジック ― しんにょうさがし ― —— 147

答え —— 148

I

漢字の形でクイズ

― 漢字の成り立ちから構成 ―

かん字のへんしん —しぜんの形①—

名まえ

かん字はものの形からできたものがあるよ。上の絵からどのかん字ができたかわかるかな。だんだんかん字になるように・をつないでいこう。どの絵がどのかん字になったのかな。

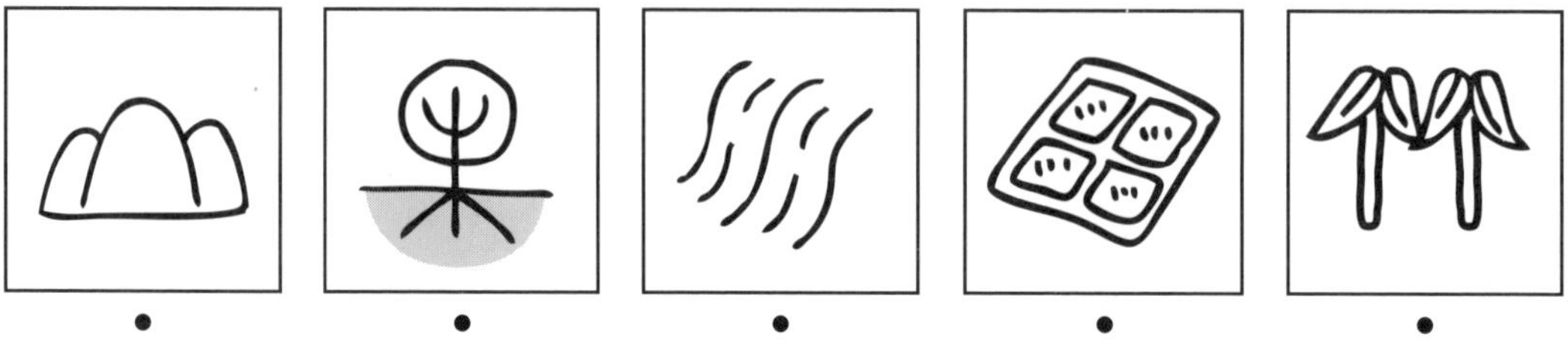

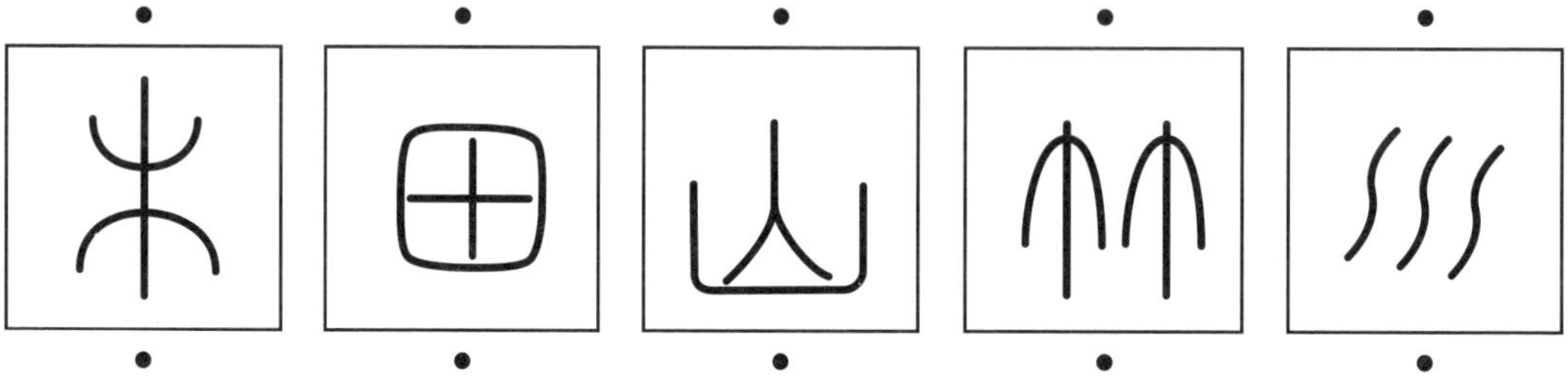

竹	川	田	木	山

かん字のへんしん —しぜんの形② —

名まえ

かん字はものの形からできたものがあるよ。上の絵からどのかん字ができたかわかるかな。だんだんかん字になるように •をつないでいこう。どの絵がどのかん字になったのかな。

火	雨	水	月	日

かん字のへんしん —体の形—

名まえ

かん字は人の体の形からできたものがあるよ。上の絵からかん字になるまでがひもでつながっている。いちばん下ができたかん字だよ。どのかん字ができたか、（　）からえらんで書いてね。

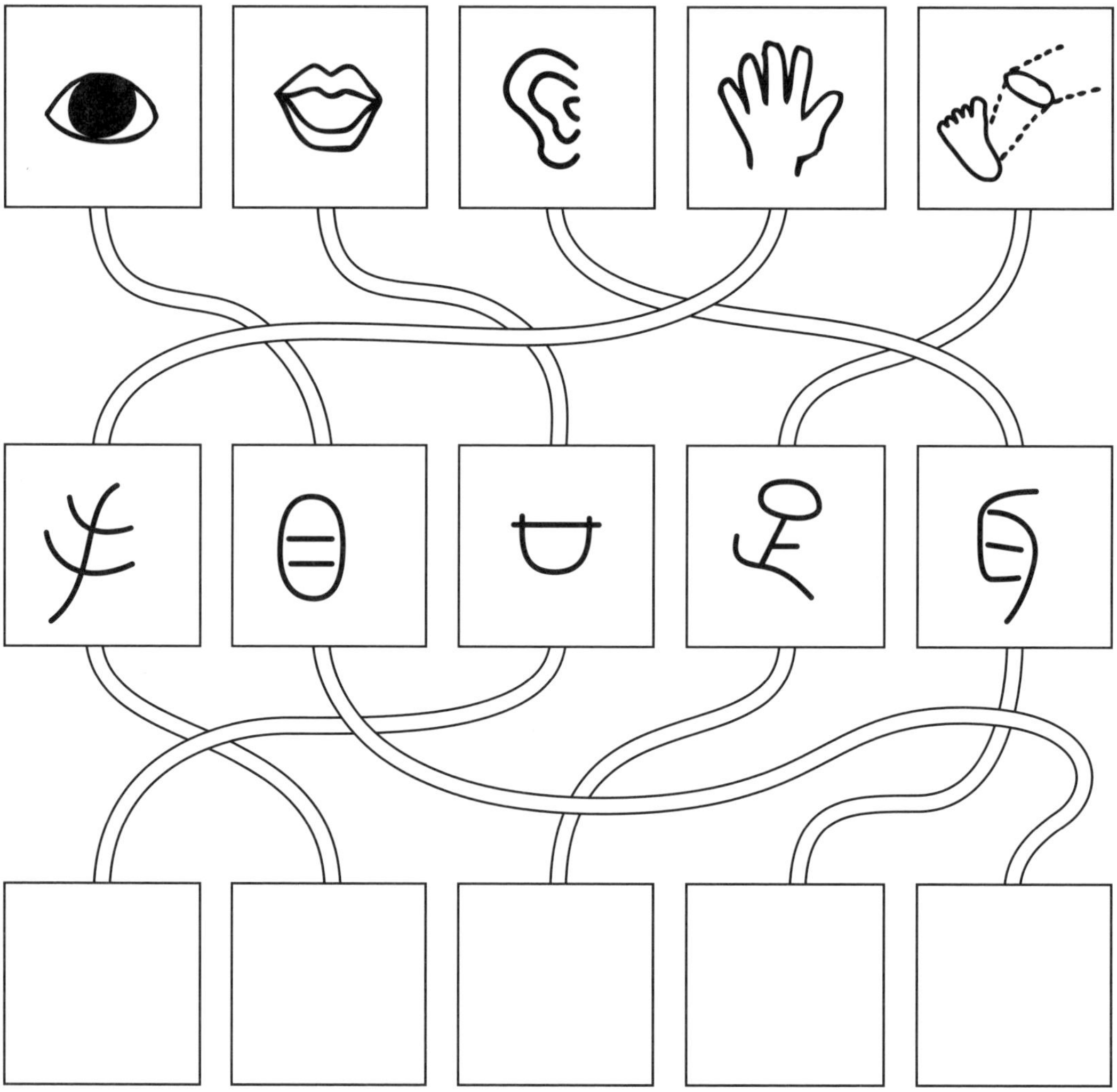

（足　手　口　耳　目）

かん字のへんしん —人のすがた—

名まえ

かん字は人のすがたからできたものがあるよ。上の絵からかん字になるまでがひもでつながっている。いちばん下ができたかん字だよ。どのかん字ができたか、（　）からえらんで書いてね。

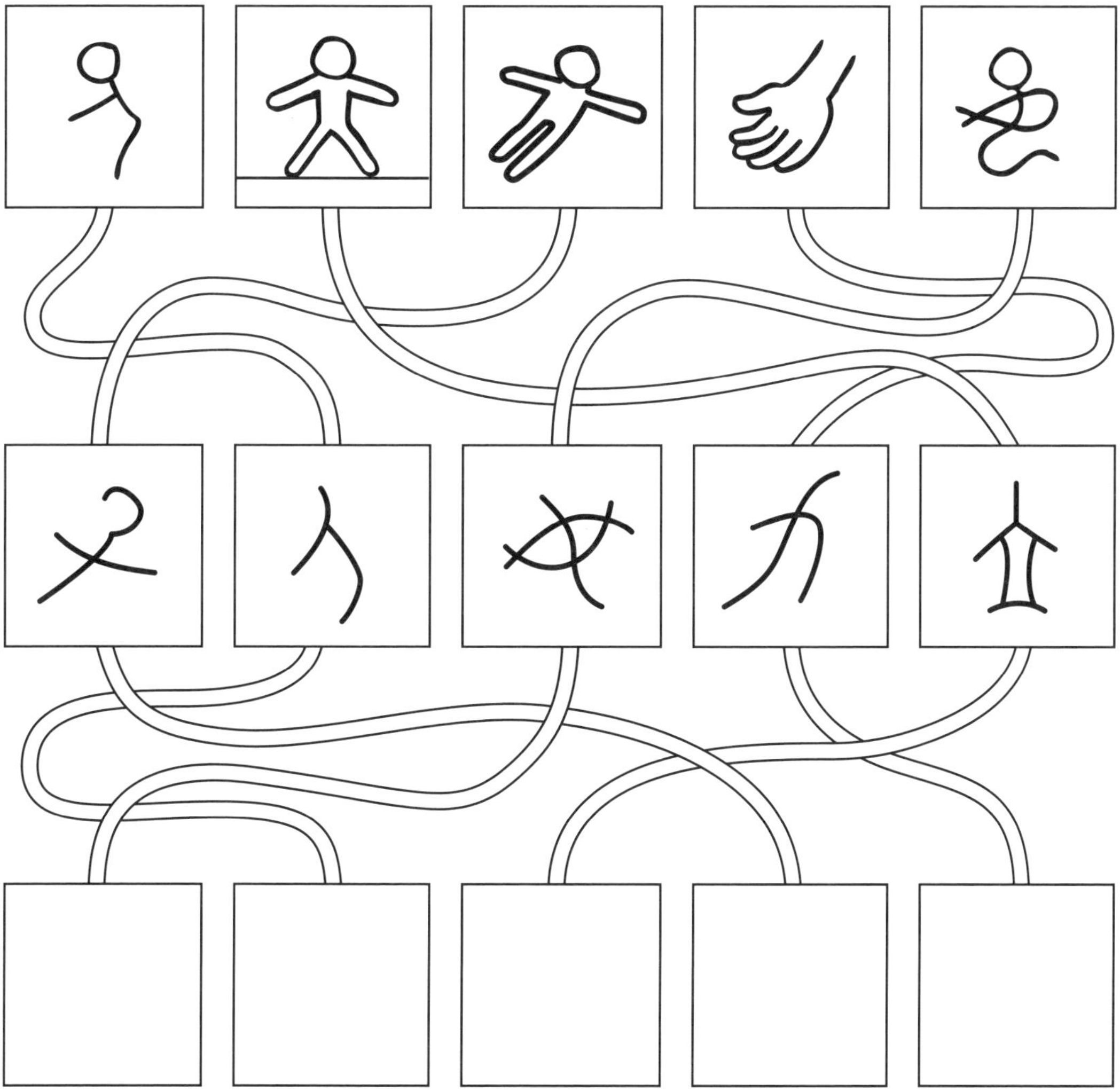

（立　人　力　女　子）

かん字のへんしん —生きものの形—

名まえ

かん字は生きものの形からできたものがあるよ。上の絵からどのかん字ができたかわかるかな。だんだんかん字になるように • をつないでいこう。どの絵がどのかん字になったのかな。

魚	犬	牛	鳥	貝

かん字のへんしん —ものの形—

名まえ

かん字はものの形からできたものがあるよ。上の絵からどのかん字ができたかわかるかな。だんだんかん字になるように •をつないでいこう。どの絵がどのかん字になったのかな。

門	刀	矢	弓	車

かん字のへんしん —もののようす—

名まえ

かん字には形であらわしにくいものもあるよ。上の絵は、もののようすをあらわしている。ひもをたどるとかん字になっていくよ。どのかん字になるか、（　）からえらんで書いてね。

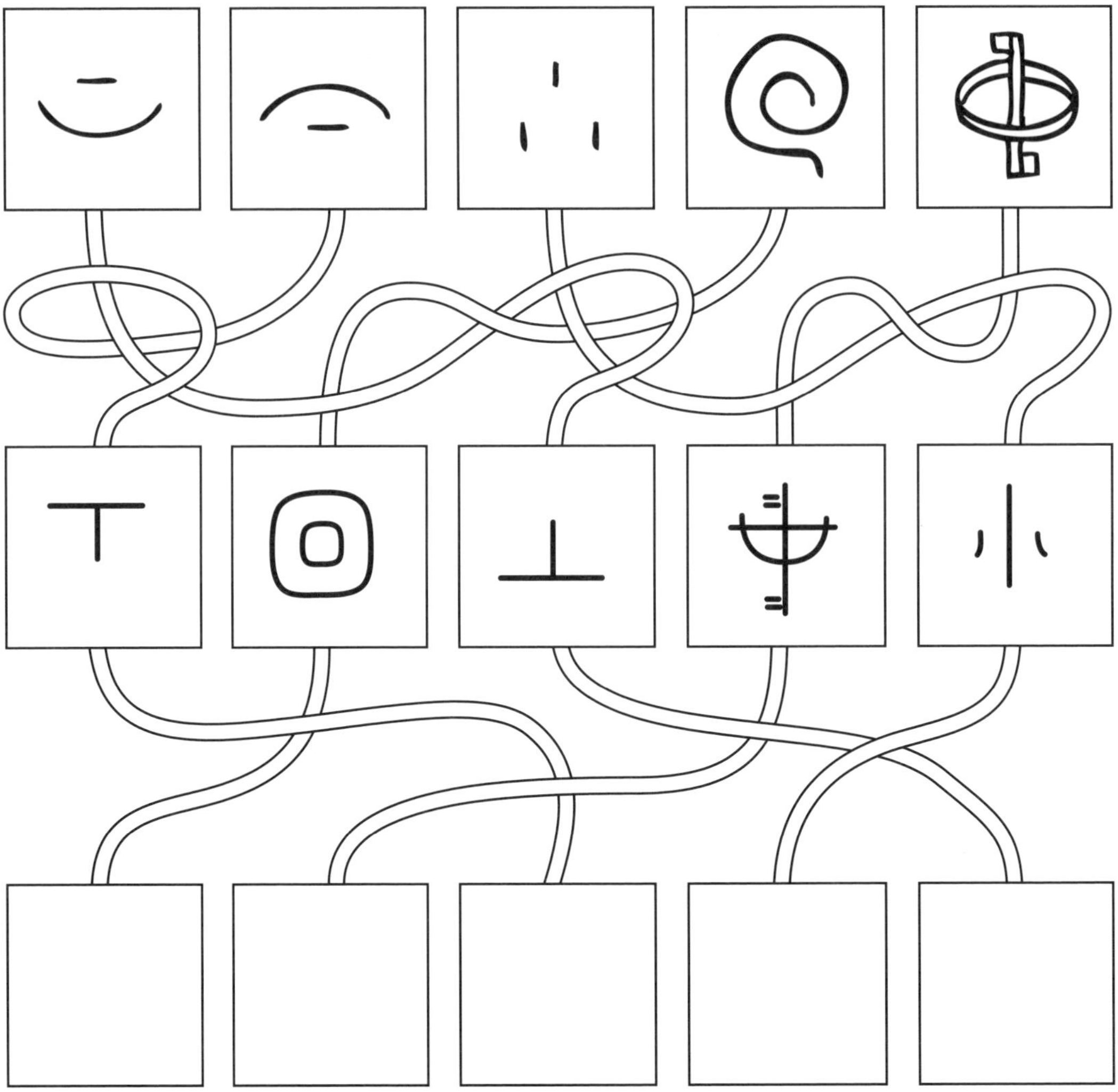

（上　下　小　中　回）

かん字のへんしん ―組み合わせた形―

名まえ

かん字には２つ組み合わせてできたものもあるよ。上の絵は、２つのものを組み合わせた形だよ。ひもをたどっていって、どのかん字になるか、（　）からえらんで書いてね。

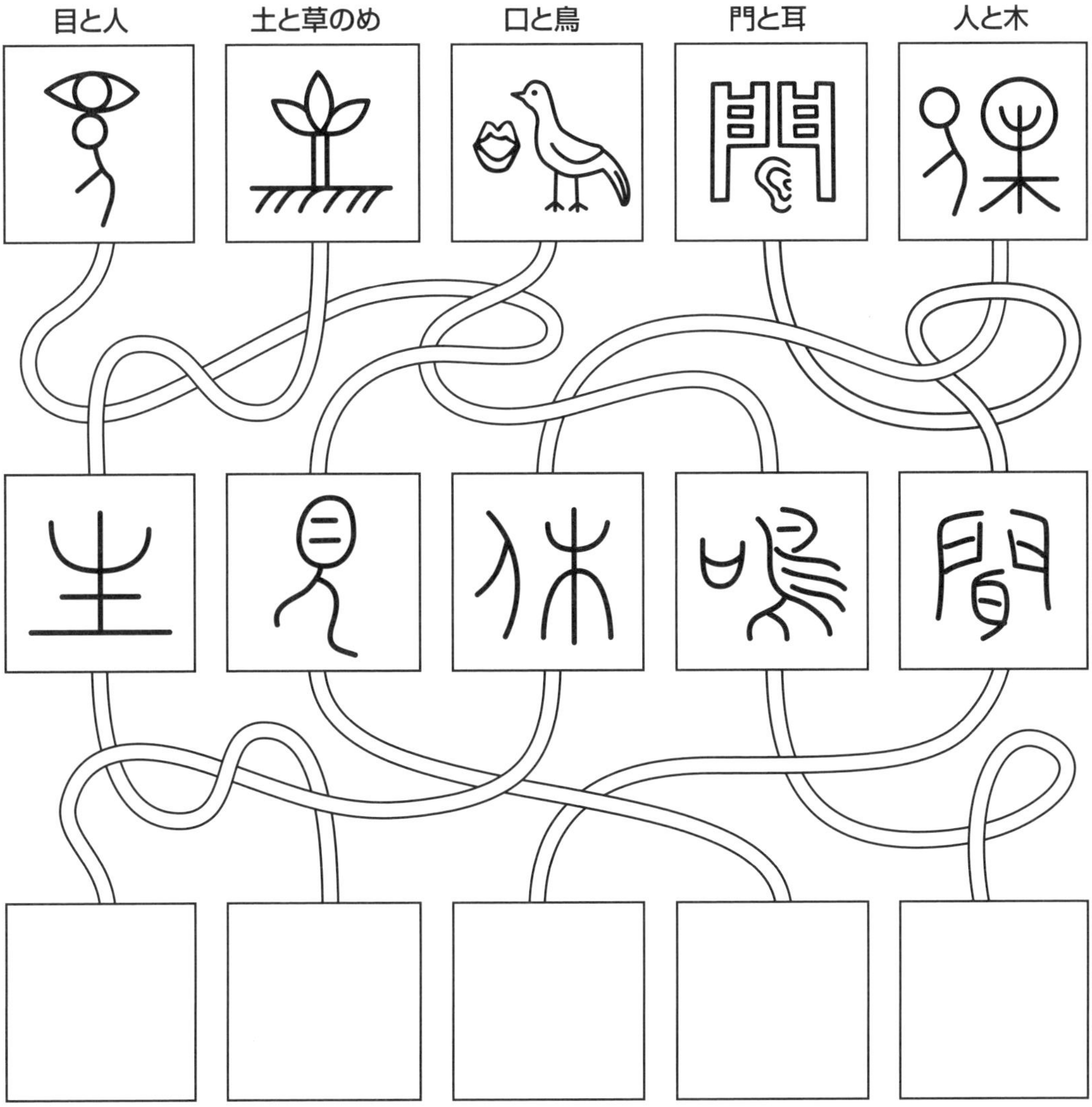

（生　見　休　鳴　聞）

かん字なぞなぞ①

名まえ

かん字で考えるなぞなぞだよ。もとになるかん字をよく見て答えよう。

① 青い色の下で光っているのは何だろう？
（　　　　）

② 王さまにほくろをつけたらへんしんしたよ。何になったのかな？
（　　　　）

③ 目の下にひげを生やしている生きものは何？
（　　　　）

④ 足の上のほうにあるもの、なあに？
（　　　　）

⑤ 日の上に立ったら何が聞こえる？
（　　　　）

⑥ 田んぼで力を出しているのはだれかな？
（　　　　）

⑦ てんをとるだけで大きくなるどうぶつはなあに？
（　　　　）

⑧ 空の下のほうでとんでいる虫はなあに？
（　　　　）

⑨ 木のまん中にぼうをうちつけて何か作っているよ。何だろう？
（　　　　）

⑩ 人がうらがえしになってどうするんだろう？
（　　　　）

かん字なぞなぞ②

名まえ

かん字で考えるなぞなぞだよ。もとになるかん字をよく見て答えよう。

①	日から生まれたものってなあに？ （　　　　　）
②	日と月がいっしょになるとどうなるかな？ （　　　　　）
③	竹を合わせると何になるのかな？ （　　　　　） 
④	止まるのを少なくするとどうなるのかな？ （　　　　　）
⑤	立ち木のよこで見ているのはだあれ？ （　　　　　）
⑥	日と青ぞらがひろがっているのはどんな日かな？  （　　　　　）
⑦	糸を会にもっていったら何になるかな？ （　　　　　）
⑧	岩の上には何がある？ （　　　　　） 
⑨	正しくうんてんしても何か一本ぬけるとどうなる？ （　　　　　）
⑩	八つの刀でどうするのかな？ 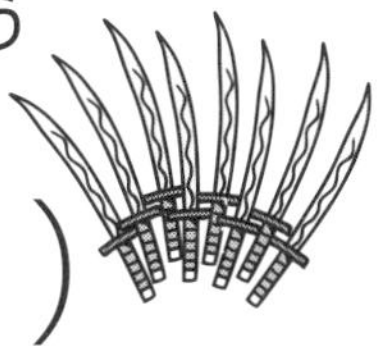 （　　　　　）

かん字なぞなぞ③

名まえ

かん字で考えるなぞなぞだよ。もとになるかん字をよく見て答えよう。

①	「雨ヨ」と言ったら、天気がかわった。どうなった？ （　　　　）	⑥	風の中にかくれている生きもの、なあに？  （　　　　）
②	犬のほくろがおなかまでうごいたら、どうなる？ （　　　　）	⑦	弓を二本もって「ン、ン」うなってるのはどんな人？ （　　　　）
③	弓に、ぼうを一本そえてどうするのかな？  （　　　　）	⑧	力を出さないでたたかえるぶきは何？ （　　　　）
④	口の中に玉を入れたら、大きなものにかわったよ。 （　　　　）	⑨	十月十日にあつまるのは、朝かな、昼かな、夜かな？ （　　　　）
⑤	みんなの中に交じってあそんでいるのはだれ？ （　　　　）	⑩	お寺のやねは何でできているのかな？ （　　　　）

かん字算数(じさんすう)なぞなぞ

名まえ

数字(すうじ)をかん字(じ)になおして計算(けいさん)しよう。答(こた)えはどんなかん字(じ)になるかな？

①	100から1ひいたら何色(なにいろ)になるかな？ （　　　　）
②	1たす1でえらい人になった。だれになったのかな？  （　　　　）
③	口(くち)に10をのみこんだよ。いったいここはどこだ？ （　　　　）
④	10に1をたしたら何(なに)かにかわったよ。何(なに)かな？ （　　　　）
⑤	7つの刀(かたな)で何(なに)ができるかな？ 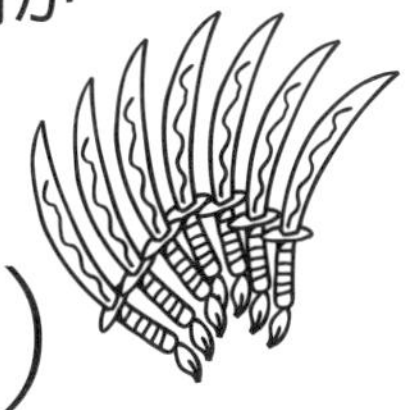 （　　　　）
⑥	言(い)うのは口(くち)だけど、言(い)う口(くち)が5つあつまったら何(なに)になるのかな？ （　　　　）
⑦	では、言(い)う口(くち)が1000になったら何(なに)をするんだろう。 （　　　　）
⑧	「明」に10を2つたしたらいつになったかな？  （　　　　）

かん字のたし算できるかな？①

名まえ	

２つのかん字をたしたら、どんなかん字になるかな？

①	木＋木＝	⑥	一＋止＝
②	立＋日＝	⑦	日＋寺＝
③	日＋十＝	⑧	言＋十＝
④	一＋大＝	⑨	田＋心＝
⑤	一＋土＝	⑩	山＋石＝

かん字のたし算できるかな？②

名まえ	

２つのかん字をたしたら、どんなかん字になるかな？

①	言＋売＝	⑥	木＋交＝
②	糸＋田＝	⑦	口＋鳥＝
③	門＋日＝	⑧	糸＋冬＝
④	内＋人＝	⑨	王＋里＝
⑤	女＋市＝	⑩	矢＋口＝

かん字とカタカナのたし算

名まえ	

かん字にカタカナをたしたら、どんなかん字ができるかな？

①	ノ＋日＝	⑥	目＋ハ＝
②	イ＋木＝	⑦	イ＋本＝
③	ネ＋土＝	⑧	雨＋ヨ＝
④	ウ＋子＝	⑨	小＋ノ＝
⑤	ノ＋目＝	⑩	ロ＋ロ＝

かん字たし算

名まえ

かん字やカタカナ、３つを合わせるたし算だよ。どんなかん字になるかな？

①	言＋五＋口＝
②	言＋千＋口＝
③	十＋早＋月＝
④	木＋木＋木＝
⑤	立＋木＋見＝
⑥	三＋人＋日＝
⑦	糸＋白＋水＝
⑧	里＋マ＋ア＝
⑨	弓＋ム＋虫＝
⑩	雨＋二＋ム＝

カタカナたし算

名まえ

カタカナのたし算でかん字を作ろう。どんなかん字ができるかな？

①	タ＋ロ＝	
②	タ＋タ＝	
③	ナ＋ロ＝	
④	ナ＋エ＝	
⑤	ム＋ロ＝	
⑥	ハ＋ム＝	
⑦	タ＋ト＝	
⑧	ケ＋ケ＝	
⑨	サ＋イ＋ヒ＝	
⑩	ウ＋ハ＋エ＝	

カタカナをさがせ！

名まえ	

かん字の中にかくれているカタカナをさがして、なぞなぞの答えを考えてみよう。

①	**花**の下でわらっている子がいるよ。何てわらっているのかな？  （　　　　）
②	**船**から外国人がおりてきたよ。何てあいさつしたのかな？  （　　　　）
③	**野**原でむかしの友だちに会った。何か言ってるよ。何て言ったのかな？ （　　　　）

④	**何**をさがしているのかって聞いてもはっきり答えてくれないよ。いったいなあに？ （　　　　）
⑤	このペットの**名**、まだついていないんだ。どんな名まえがいいかな？  （　　　　）
⑥	お**店**でおいしいさしみを食べたよ。食べたのはなあに？  （　　　　）

かん字とんちクイズ

名まえ

かん字の中にかくれているかん字をさがすんだよ。かん字をよく見て考えよう。

①	**来**るときにもってくるのはなあに？ （　　　　）
②	**国**の中心には何がある？ （　　　　）
③	**朝**は早くおきたほうがいいか、おそいほうがいいか？ （　　　　）
④	**東京**は大きいか、小さいか？ （　　　　）

⑤	テストの**答**え、合っていたのかな、まちがっていたのかな？ （　　　　）
⑥	**森**の中には何がある？ （　　　　）
⑦	**数**を数えているのは男の子？　女の子？ （　　　　）
⑧	何を**数**えているのかな？パンかな？　米かな？虫かな？ （　　　　）

かん字色色クイズ

名まえ

かん字の中にかくれている色をさがそう。

①

理科室に点が4つこぼれてしまった。
何色になってしまうかな？

（　　　　　　）

②

晴れた日は何色がにあうかな？

（　　　　　　）

③

音**楽**室には何色をぬろうかな？

（　　　　　　）

④

土の下に、こんなへんな根が生えました。何色の花がさくかな？

（　　　　　　）

ぬけているのはなあに？

名まえ

かん字が少しきえて、いみがわからない。あるかん字を書きこむとちゃんと読めるよ。どんなかん字かな？

①

ナ疋でアを
けったら、穴に
おちていったよ。

（　　　　　）

②

お寺のかねの 立 で
寺門がわかる
んだよ。

（　　　　　）

③

学 交が亻 みなので
林へ行ったよ。

（　　　　　）

④

カの子が女の子を
かばったことを
心い出した。

（　　　　　）

Ⅱ

文字のかくれんぼあそび

—文字の違いを見つける楽しみ＝観察力—

かくれんぼひらがなさがし

名まえ

100こずつのひらがなが、向(む)きをかえたりしてならんでいる。中(なか)に1つだけ、にているひらがながかくれているよ。どこにあるかさがして○をつけてね。

①

はははははははははは
はははははははははは
はははははははははは
はははははははははは
はははははははははは
はははははははははは
はははははははははは
はははははははほはは
はははははははははは
はははははははははは

②

ああああああああああ
ああああああああああ
ああああああああああ
ああああああああああ
あああおああああああ
ああああああああああ
ああああああああああ
ああああああああああ
ああああああああああ
ああああああああああ

③

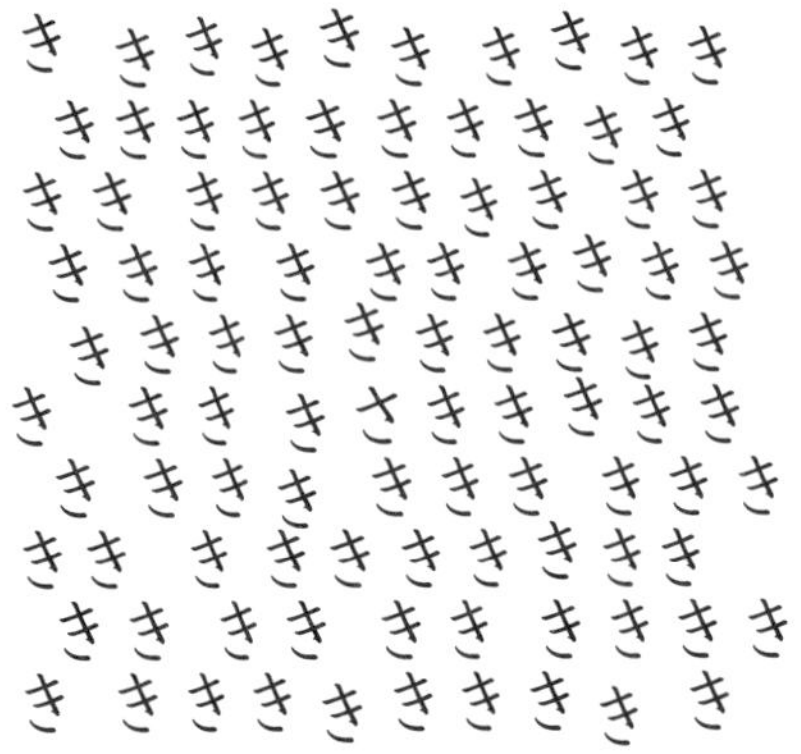

④

⑤

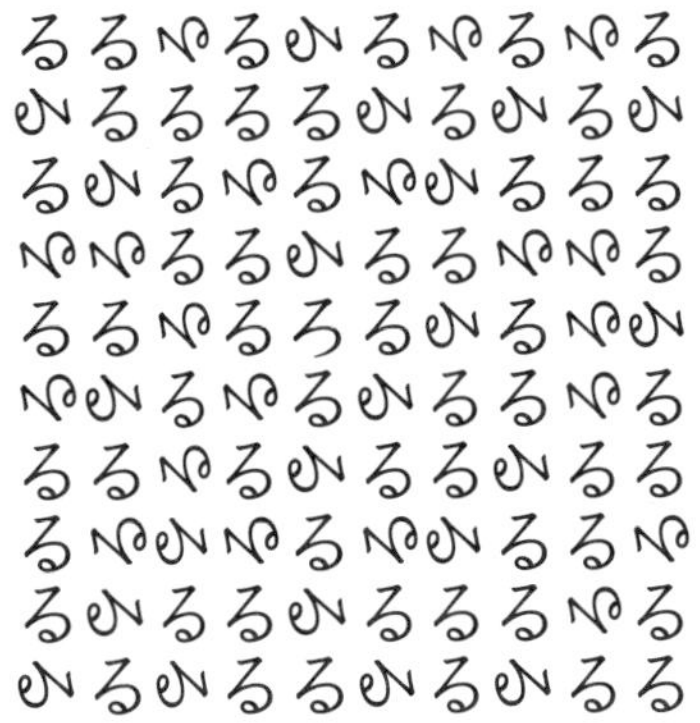

⑥

かくれんぼカタカナさがし

名まえ

100 こずつのカタカナがならんでいる。中に 1 つだけ、にているカタカナがかくれているよ。どこにあるかさがして○をつけてね。

①
アアアアアアアアアア
アアアアアアアアアア
アアアアアアアアアア
アアマアアアアアアア
アアアアアアアアアア
アアアアアアアアアア
アアアアアアアアアア
アアアアアアアアアア
アアアアアアアアアア
アアアアアアアアアア

②
ススススススススススス
ススススススススススス
ススススススススススス
ススススススススススス
ススススススススススス
ススススススススススス
ススススススススススス
ススススススススススス
スススススススヌスス
ススススススススススス

③
シシシシシシシシシシ
シシシシシシシシシシ
シシシシシシシシシシ
シシシシシシシシシシ
シシシシシシシシシシ
シシシシシシシシシシ
シシシシシシシシシシ
シシツシシシシシシシ
シシシシシシシシシシ
シシシシシシシシシシ

④
ソソソソソソソソソソ
ソソソソソソソソソソ
ソソソソソンソソソソ
ソソソソソソソソソソ
ソソソソソソソソソソ
ソソソソソソソソソソ
ソソソソソソソソソソ
ソソソソソソソソソソ
ソソソソソソソソソソ
ソソソソソソソソソソ

⑤
ウウウウウウウウウウ
ウウウウウウウウウウ
ウウウウウウウウウウ
ウウウウウウウウウウ
ウウウウウウウウウウ
ウウウウウワウウウウ
ウウウウウウウウウウ
ウウウウウウウウウウ
ウウウウウウウウウウ
ウウウウウウウウウウ

⑥
クククククククククク
クククククククククク
ククフククククククク
クククククククククク
クククククククククク
クククククククククク
クククククククククク
クククククククククク
クククククククククク
クククククククククク

かくれんぼかん字さがし①

名まえ

100こずつのかん字の中に1つだけちがうかん字がかくれているよ。どこにあるかさがして、そのかん字を□に書いてね。

①

犬犬犬犬犬犬犬犬犬犬
犬犬犬犬犬犬犬犬犬犬
犬犬犬犬犬犬犬犬犬犬
犬犬犬犬犬犬犬犬犬犬
犬犬犬犬犬犬犬犬犬犬
犬犬犬犬犬犬犬犬犬犬
犬犬犬犬犬犬犬犬犬犬
犬犬犬犬大犬犬犬犬犬
犬犬犬犬犬犬犬犬犬犬
犬犬犬犬犬犬犬犬犬犬

②

右右右右右右右右右右
右右右右右右右右右右
右右右右右右右右右右
右右右右右右右右右右
右右右右右右右右右右
右右右右右右右石右右
右右右右右右右右右右
右右右右右右右右右右
右右右右右右右右右右
右右右右右右右右右右

③

本本本本本本本本本本
本本本本本本本本本本
本本本本本本本本本本
本本本本本本本本本本
本本本本本本本本本本
本本本木本本本本本本
本本本本本本本本本本
本本本本本本本本本本
本本本本本本本本本本
本本本本本本本本本本

④

人人人人人人人人人人
人人人人人人人人人人
人人人人人入人人人人
人人人人人人人人人人
人人人人人人人人人人
人人人人人人人人人人
人人人人人人人人人人
人人人人人人人人人人
人人人人人人人人人人
人人人人人人人人人人

⑤

林林林林林林林林林林
林林林林林林林林林林
林林林林林林林林林林
林林林林林林林林林林
林林林林林林村林林林
林林林林林林林林林林
林林林林林林林林林林
林林林林林林林林林林
林林林林林林林林林林
林林林林林林林林林林

⑥

見見見見見見見見見見
見見見見見見見見見見
見見見見見見見見見見
見見見見見見見見見見
見見見見見見見見見見
見見見見見見見見見見
見見見見見見見見見見
見見見見見見見貝見見
見見見見見見見見見見
見見見見見見見見見見

かくれんぼかん字さがし②

名まえ

100こずつのかん字の中に1つだけちがうかん字がかくれているよ。どこにあるかさがして、そのかん字を□に書いてね。

①

丸丸丸丸丸丸丸丸丸丸
丸丸丸丸丸丸丸丸丸丸
丸丸丸丸丸丸丸丸丸丸
丸丸丸丸丸丸丸丸丸丸
丸丸丸丸丸丸丸丸丸丸
丸丸丸丸丸丸丸丸丸丸
丸丸丸丸丸丸丸九丸丸
丸丸丸丸丸丸丸丸丸丸
丸丸丸丸丸丸丸丸丸丸
丸丸丸丸丸丸丸丸丸丸

②

工工工工工工工工工工
工工工工工工工工工工
工工工土工工工工工工
工工工工工工工工工工
工工工工工工工工工工
工工工工工工工工工工
工工工工工工工工工工
工工工工工工工工工工
工工工工工工工工工工
工工工工工工工工工工

③

刀刀刀刀刀刀刀刀刀刀
刀刀刀刀刀刀刀刀刀刀
刀刀刀刀刀刀刀刀刀刀
刀刀刀刀刀刀刀刀刀刀
刀刀刀刀刀刀刀刀刀刀
刀刀刀刀刀刀刀刀刀刀
刀刀刀刀刀刀刀刀刀刀
刀刀刀刀刀刀刀刀刀刀
刀刀力刀刀刀刀刀刀刀
刀刀刀刀刀刀刀刀刀刀

④

太太太太太太太太太太
太太太太太太太太太太
太太太太太太太太太太
太太太太太太犬太太太
太太太太太太太太太太
太太太太太太太太太太
太太太太太太太太太太
太太太太太太太太太太
太太太太太太太太太太
太太太太太太太太太太

⑤

自自自自自自自自自自
自自自自自自自自自自
自自自自自自自自自自
自自自自自自自自自自
自自自自自白自自自自
自自自自自自自自自自
自自自自自自自自自自
自自自自自自自自自自
自自自自自自自自自自
自自自自自自自自自自

⑥

記記記記記記記記記記
記記記記記記記記記記
記記記記記記記記記記
記記記記記記記記記記
記記記記記記記記記記
記記記記記記記記記記
記記記記記記記記記記
記記記記記記記記記記
記記記記計記記記記記
記記記記記記記記記記

かくれんぼかん字さがし③

名まえ

100こずつのかん字の中に2つだけちがうかん字がかくれているよ。どこにあるかさがして、そのかん字を□に書いてね。

①

交交交交交交交交交交
交交交交交交交交交交
交交交交交交交交交交
交交交交交交交文交交
交交交交交交交交交交
交交交交交交交交交交
交交交交交交交交交交
交交交交交交交交交交
交交父交交交交交交交
交交交交交交交交交交

②

今今今今今今今今今今
今今今今今今今今今今
今今今今今今今今今今
今今今今今今今今今今
今今会今今今今今今今
今今今今今今今今今今
今今今今今今今今今今
今今今今分今今今今今
今今今今今今今今今今
今今今今今今今今今今

③

歩歩歩歩歩歩歩歩歩歩
歩歩歩歩歩歩歩歩歩歩
歩歩歩歩歩歩歩歩歩歩
歩歩歩歩歩歩走歩歩歩
歩歩歩歩歩歩歩歩歩歩
歩歩歩歩歩歩歩歩歩歩
歩歩歩歩歩歩歩歩歩歩
歩歩少歩歩歩歩歩歩歩
歩歩歩歩歩歩歩歩歩歩
歩歩歩歩歩歩歩歩歩歩

④

顔顔顔顔顔顔顔顔顔顔
顔顔顔顔顔顔顔顔顔顔
顔顔顔顔顔顔顔顔顔顔
顔顔顔顔顔顔顔顔頭顔
顔顔顔顔顔顔顔顔顔顔
顔顔顔顔顔顔顔顔顔顔
顔顔顔顔顔顔顔顔顔顔
顔顔顔顔顔顔顔顔顔顔
顔顔顔顔顔顔親顔顔顔
顔顔顔顔顔顔顔顔顔顔

⑤

体体体体体体体体体体
体体体体体体体体体体
体体体体体体体作体体
体体体体体体体体体体
体体体体体体体体体体
体体体体体体体体体体
体体体体体体体体体体
体体体体体体体体体体
体体体体体休体体体体
体体体体体体体体体体

⑥

毎毎毎毎毎毎毎毎毎毎
毎毎毎毎毎毎毎毎毎毎
毎毎毎毎毎毎毎毎毎毎
毎毎毎毎母毎毎毎毎毎
毎毎毎毎毎毎毎毎毎毎
毎毎毎毎毎毎毎毎毎毎
毎毎毎海毎毎毎毎毎毎
毎毎毎毎毎毎毎毎毎毎
毎毎毎毎毎毎毎毎毎毎
毎毎毎毎毎毎毎毎毎毎

かくれんぼかん字でことば作り①

名まえ

100こずつのかん字の中に1つずつ、ちがうかん字がかくれているよ。どこにあるかさがして、そのかん字をならべてできることばを□に書こう。

①

草草草草草草草草草草水水水水水水水水水水
草草草草草草草草草草水水水水水水水水水水
草草草草草草草草草草水水水水水水水水水水
草草草草草草草草草草水水水水水水水水水水
草草草草草草草草草草水水水水水水水水水水
草草草草草草草草草花水水水水水水水水水水
草草草草草草草草草草水水水水水水水水水水
草草草草草草草草草草水水水水水水水水水水
草草草草草草草草草草水水水水水水水水水水
草草草草草草草草草草火水水水水水水水水水

②

日日日日日日日日日日王王王王王王王王王王
日日日日日日日日日日王王王王王王王王王王
日日日日日日日日日日王王王王王王王王王王
日日日目日日日日日日王王王王王王王王王王
日日日日日日日日日日王王王王王王王王王王
日日日日日日日日日日王王王王王王王王王王
日日日日日日日日日日王王王王王王王玉王王
日日日日日日日日日日王王王王王王王王王王
日日日日日日日日日日王王王王王王王王王王
日日日日日日日日日日王王王王王王王王王王

③

字字字字字字字字字字村村村村村村村村村村
字字字字字字字字字字村村村村村村村村村村
字字字字字字字字字字村村村村村村村村村村
字字字字字字字字字字村村村村村村村村村村
字字字字字字字字字字村村村村村村村村村村
字字字字字字字字字字村村村村村村村村村村
字字学字字字字字字字村村村村村村村村村村
字字字字字字字字字字村村村村村村村村村村
字字字字字字字字字字村村村村村村校村村村
字字字字字字字字字字村村村村村村村村村村

かくれんぼかん字でことば作り②

名まえ

100こずつのかん字の中に1つずつ、ちがうかん字がかくれているよ。どこにあるかさがして、そのかん字をならべてできることばを□に書こう。

①
雪雪雪雪雪雪雪雪雪雪地地地地地地地地地地
雪雪雪雪雪雪雪雪雪雪地地地地地地地地地地
雪雪雪雪雪雪雪雪雪雪地地地地地地地地地地
雪雪雪雪雪雪雪雪雪雪地地地地地地地地地地
雪雪雪雪雪雪雪雪雪雪地地地地地地地地地地
雪雪雪雪雪雪雪雪雪雪地地地地地地地地地地
雪雪雪雪雪雪電雪雪雪地地池地地地地地地地
雪雪雪雪雪雪雪雪雪雪地地地地地地地地地地
雪雪雪雪雪雪雪雪雪雪地地地地地地地地地地
雪雪雪雪雪雪雪雪雪雪地地地地地地地地地地

②
親親親親親親親親親親間間間間間間間間間間
親親親親親親親親親親間間間間間間間間間間
親親親親親親親親親親間間間間間間間間間間
親親親親親親新親親親間間間間間間間間間間
親親親親親親親親親親間間間間間間間間間間
親親親親親親親親親親間間間間間間間間間間
親親親親親親親親親親間間間間間間間聞間間
親親親親親親親親親親間間間間間間間間間間
親親親親親親親親親親間間間間間間間間間間
親親親親親親親親親親間間間間間間間間間間

③
紙紙紙紙紙紙紙紙紙紙木木木木木木木木木木
紙紙紙紙紙紙紙紙紙紙木木木木木木木木木木
紙紙紙紙紙紙紙紙紙紙木木木木木木木木木木
紙紙紙紙紙紙紙紙紙紙木木木木木木本木木木
紙紙紙紙紙紙紙紙紙紙木木木木木木木木木木
紙紙絵紙紙紙紙紙紙紙木木木木木木木木木木
紙紙紙紙紙紙紙紙紙紙木木木木木木木木木木
紙紙紙紙紙紙紙紙紙紙木木木木木木木木木木
紙紙紙紙紙紙紙紙紙紙木木木木木木木木木木
紙紙紙紙紙紙紙紙紙紙木木木木木木木木木木

かくれんぼかん字でことば作り③

名まえ

100こずつのかん字の中に1つずつ、ちがうかん字がかくれているよ。どこにあるかさがして、そのかん字をならべてできることばを□に書こう。

①
走走走走走走走走走走通通通通通通通通通通
走走走走走走走歩走走通通通通通通通通通通
走走走走走走走走走走通通通通通通通通通通
走走走走走走走走走走通通通通通通通通通通
走走走走走走走走走走通通通通通通通通通通
走走走走走走走走走走通通通通道通通通通通
走走走走走走走走走走通通通通通通通通通通
走走走走走走走走走走通通通通通通通通通通
走走走走走走走走走走通通通通通通通通通通
走走走走走走走走走走道通通通通通通通通通

②
午午午午午午午午午午内内内内内内内内内内
午午午午午午午午午午内内内内内内内内内内
午午午午午午午午午午内内内内内内内内内内
午午午午午午午午午午内内内内内内内内内内
午午午牛午午午午牛午内内内内内内内内内内
午午午午午午午午午午内内内内内内内内内内
午午午午午午午午午午内内内内内内肉内内内
午午午午午午午午午午内内内内内内内内内内
午午午午午午午午午午内内内内内内内内内内
午午午午午午午午午午内内内内内内内内内内

③
父父父父父父父父父父道道道道道道道道道道
父父父父父父父父父父道道道道道道道道道道
父父父父父父父父父父道道道道道道道道道道
父父父父父父父父父父道道道道道道道道道道
父父父父父父父父父父道道道通道道道道道道
父父父父父父父父父父道道道道道道道道道道
父父父父父父交父父父道道道道道道道道道道
父父父父父父父父父父道道道道道道通道道道
父父父父父父父父父父道道道道道道道道道道
父父父父父父父父父父道道道道道道道道道道

かくれんぼかん字(じ)でことば作(づく)り④

名まえ

100こずつのかん字(じ)の中(なか)に1つずつ、ちがうかん字(じ)がかくれているよ。どこにあるかさがして、そのかん字(じ)をならべてできることばを□に書(か)こう。

①
直直直直直直直直直直室室室室室室室室室室
直直直直直直直直直直室室室室室室室室室室
直直直直直直直直直直室室室室室室室室室室
直直直直直直直直直直室室室室室室室室室室
直直直直直直直直直直室室室室室室室室室室
直直直直直直直直直直室室室室室室室室室室
直直直直直直直直直直室室室室室室室室室家
直直直直直直直直直直室室室室室室室室室室
直直直直直直直直直直室室室室室室室室室室
画直直直直直直直直直室室室室室室室室室室

②
池池池池池池池池池池国国国国国国国国国国
池池池池池池池池池池国国国国国国国国国国
池池池池池池池池池池国国国国国国国国国国
池池池池池池池池池池国国国国国国国国国国
池池池地池池池池池池国国国国国国国国国国
池池池池池池池池池池国国国国国国国国国国
池池池池池池池池池池国国国国国国図国国国
池池池池池池池池池池国国国国国国国国国国
池池池池池池池池池池国国国国国国国国国国
池池池池池池池池池池国国国国国国国国国国

③
図図図図図図図図図図話話話話話話話話話話
図図図図図図図図図図話話話話話話話話話話
図図図図図図図図図図話話話話話話話話話話
図図図図図図図図図図話話話話話話話話話話
図図図図図図図図図図話話話語話話話話話話
図図図図図図図図図図話話話話話話話話話話
図図図図図図国図図図話話話話話話話話話話
図図図図図図図図図図話話話話話話話話話話
図図図図図図図図図図話話話話話話話話話話
図図図図図図図図図図話話話話話話話話話話

かくれんぼかん字でことば作り⑤

名まえ

100こずつのかん字の中に１つずつ、ちがうかん字がかくれているよ。どこにあるかさがして、そのかん字をならべてできることばを□に書こう。

①
数数数数数数数数数数家家家家家家家家家家
数数数数数数数数数数家家家家家家家家家家
数数数数数数数数数数家家家家家家家家家家
数数教数数数数数数数家家家家家家家家家家
数数数数数数数数数数家家家家家家家家家家
数数数数数数数数数数家家家家家家室家家家
数数数数数数数数数数家家家家家家家家家家
数数数数数数数数数数家家家家家家家家家家
数数数数数数数数数数家家家家家家家家家家
数数数数数数数数数数家家家家家家家家家家

②
親親親親親親親親親親雲雲雲雲雲雲雲雲雲雲
親親親親親親親親親親雲雲雲雲雲雲雲雲雲雲
親親親親親親親親親親雲雲雲雲雲雲雲雲雲雲
親親親親親親親親親親雲雲雲雲雲雲雲雲雲雲
親親親親新親親親親親雲雲雲雲雲雲雲雲雲雲
親親親親親親親親親親雲雲雲雲雲雲雲雲雲雲
親親親親親親親親親親雲雲雪雲雲雲雲雲雲雲
親親親親親親親親親親雲雲雲雲雲雲雲雲雲雲
親親親親親親親親親親雲雲雲雲雲雲雲雲雲雲
親親親親親親親親親親雲雲雲雲雲雲雲雲雲雲

③
体体体体体体体体体体目目目目目目目目目目
体体体体体体体体体体目目目目目目目目目目
体体体体体体体体体体目目目目目目目目目目
体体体体体体体体体体目目目目目目目目目目
体体体体体体体体体体目目目目目目目目目目
体体体休体体体体体体目目目目目目目目目目
体体体体体体体体体体目目目目目目目日目目
体体体体体体体体体体目目目目目目目目目目
体体体体体体体体体体目目目目目目目目目目
体体体体体体体体体体目目目目目目目目目目

かくれんぼかん字でことば作り⑥

名まえ

100こずつのかん字の中に1つずつ、ちがうかん字がかくれているよ。どこにあるかさがして、そのかん字をならべてできることばを□に書こう。

①
細細細細細細細細細細会会会会会会会会会会
細細細細細細細細細細会会会会会会会会会会
細細細細細細細細細細会会会会会会会会会会
細細細細細細細細細細会会会会会会会会会会
細細細細組細細細細細会会会会会会会会会会
細細細細細細細細細細会会会会合会会会会会
細細細細細細細細細細会会会会会会会会会会
細細細細細細細細細細会会会会会会会会会会
細細細細細細細細細細会会会会会会会会会会
細細細細細細細細細細会会会会会会会会会会

②
図図図図図図図図図図今今今今今今今今今今
図図図図図図図図図図今今今今今今今今今今
図図図図図図図図図図今今今今今今今今今今
図図図図図図図図図図今今今今今今今今今今
図図図図図図図図図図今今今今今今今今今今
図図図図図図国図図図今今今今今今今今今今
図図図図図図図図図図今今今今今今今今今今
図図図図図図図図図図今今今今今会今今今今
図図図図図図図図図図今今今今今今今今今今
図図図図図図図図図図今今今今今今今今今今

③
雲雲雲雲雲雲雲雲雲雲語語語語語語語語語語
雲雲雲雲雲雲雲雲雲雲語語語語語語語語語語
雲雲雲雲雲雲雲雲雲雲語語語語語語語語語語
雲雲雲雲雲雲雲雲雲雲語語語語語語語語語語
雲雲雲雲雲雲雲雲雲雲語語語語語語語語語語
雲雲雲雲雲雲雲雲雲雲語語語語語話語語語語
雲雲雲雲雲雲雲雲雲雲語語語語語語語語語語
雲雲雲電雲雲雲雲雲雲語語語語語語語語語語
雲雲雲雲雲雲雲雲雲雲語語語語語語語語語語
雲雲雲雲雲雲雲雲雲雲語語語語語語語語語語

Ⅲ

クロスワードあそび

―― 語彙を広げる ――

２つのことばクロス

名まえ

たて、よこ、それぞれ２つのことばができるように、まん中のにひらがなを入れよう。

①

	た	
す	□	か
	こ	

②

	ひ	
き	□	ね
	じ	

③

	お	
つ	□	め
	け	

④

	し	
か	□	ぱ
	ぽ	

⑤

	ね	
す	□	め
	み	

⑥

	う	
は	□	み
	ぎ	

4つのことばクロス

名まえ

たて、よこ、どのれつにもことばができるように、あいた□にひらがなを入れよう。それぞれ４つのことばができるよ。

①

い	
	き

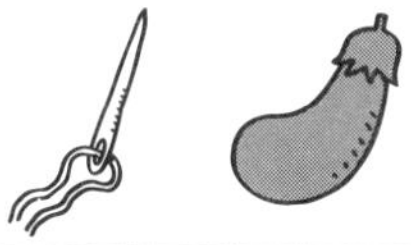

②

は	
	す

③

	お
い	

④

	し
は	

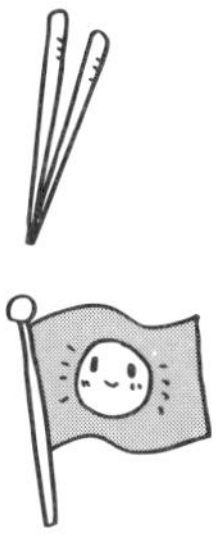

⑤

	わ
く	

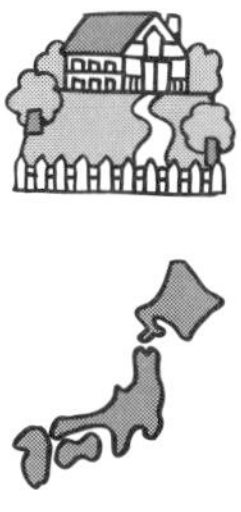

⑥

ふ	
	ぎ

ことばのかいだん①

名まえ

はじめやおわりが同じ字のことばのかいだんだよ。①〜⑥のあいている□にそれぞれ同じ字を入れて、かんせいさせよう。

①

	ば	
	ば	ん

②

	み	
	み	ず

③

	か	
	か	り

④

	い	
	い	こ

⑤

	か	
わ	か	

⑥

	た	
は	た	

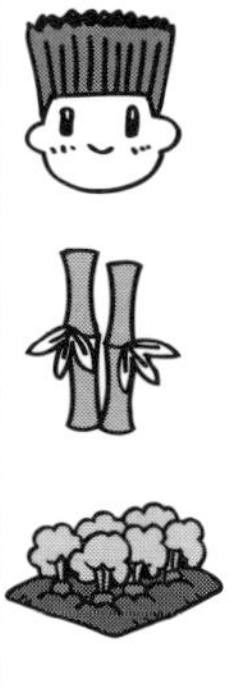

ことばのかいだん②

名まえ

「か」ではじまることばと、「き」でおわることばのかいだんだよ。ヒントの絵を見て答えてね。答えはたくさんあるから、かわりに入るものももっとさがしてみよう。

小さな生きもの

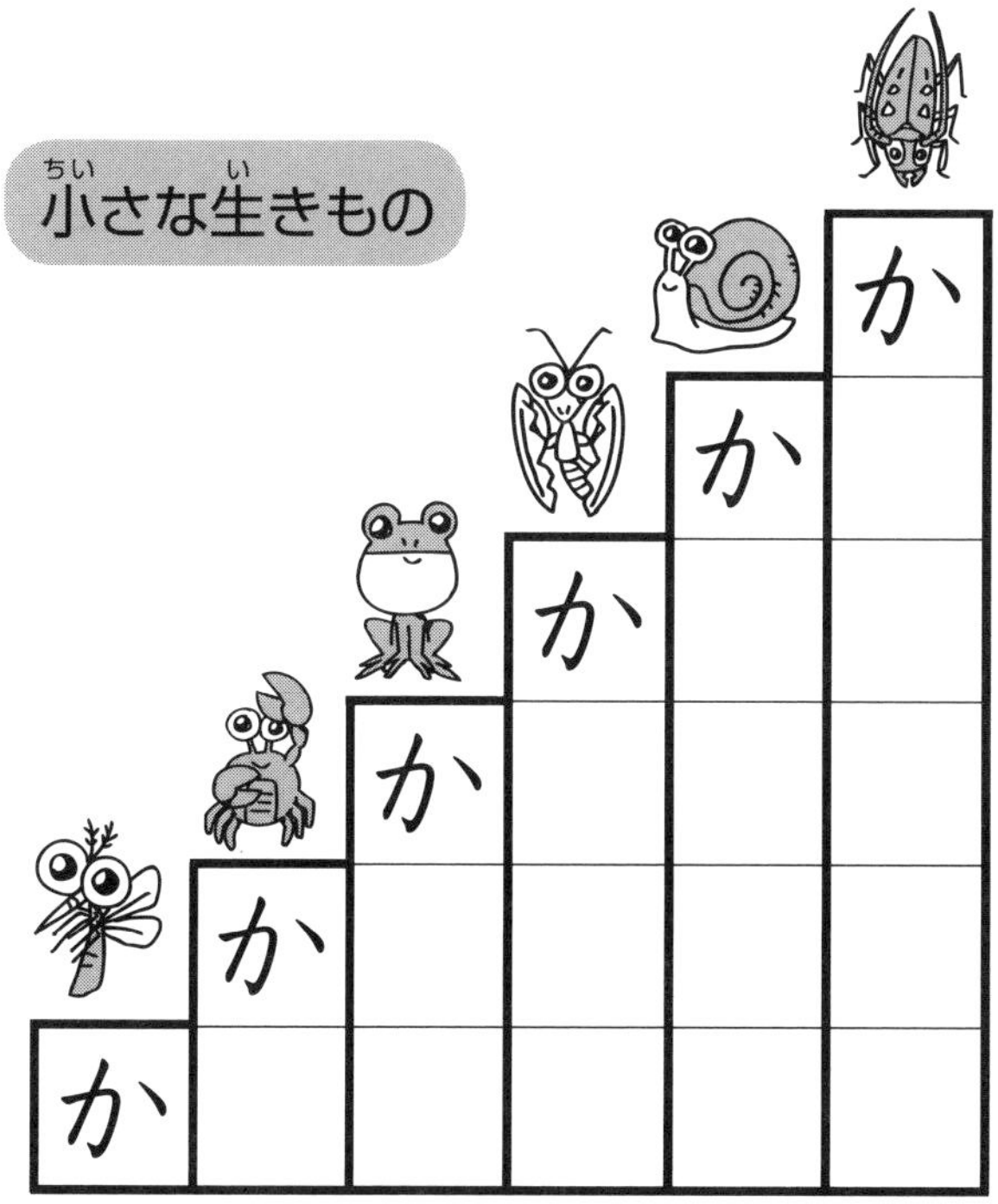

みぢかなもの

ミニミニクロスワード①

名まえ

ヒントの絵を見て、→の３つのことばを入れると、⇩の□にあたらしいことばが出てくるよ。どんなことばになるのかな。ヒントの絵を見て考えよう。

①（⇩ 1列目）

→			え	
→			り	
→			ぽ	

②（⇩ 1列目）

→			り	
→			み	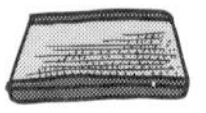
→			ら	

③（⇩ 2列目）

→	は			
→	ま			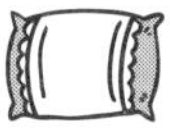
→	か			

④（⇩ 2列目）

→	お			
→	わ			
→	ゆ			

⑤（⇩ 3列目）

→	ほ			
→	け			
→	み			

⑥（⇩ 3列目）

→	や			
→	あ			
→	め			

ミニミニクロスワード②

名まえ

ヒントの絵を見て、↓の５つのことばを入れると、⇨の□にあたらしいことばが出てくるよ。どんなことばになるのかな。

①

	↓	↓	↓	↓	↓
	い	た	ま	だ	な
⇨					
			ろ		

②

	↓	↓	↓	↓	↓
⇨					
				ち	
	て	め	た	ょ	じ
	ん		け	う	

③

	↓	↓	↓	↓	↓
	た	の	あ	こ	お
⇨					
	げ			ん	こ

④

	↓	↓	↓	↓	↓
	な	か	だ	ゆ	ふ
	め			う	
⇨					

どんなことばが出てくるかな？①

名まえ

①～⑥のヒントを読んで、答えを→のあいている□に書こう。すると、⬂ の□のななめのところにべつのことばが出てくるよ。どんなことばかな。

⬂

①→					よ	く	
②→					ぐ	も	
③→				よ	ほ	う	
④→					あ	み	
⑤→	く	わ					
⑥→	と	う					

ヒント ① みんなで海に行っておよぎましょう。
② もうすぐ、ゴロゴロ、いなびかり。
③ あした、晴れるかな?
④ ちょうや、とんぼをつかまえよう。
⑤ かぶとむしとたたかう強い虫。
⑥ ハーモニカみたいにくわえて食べよう。

どんなことばが出てくるかな？②

名まえ	

①～⑥のヒントを読んで、答えを→のあいている□に書こう。すると、⬂ の□のななめのところにべつのことばが出てくるよ。どんなことばかな。

⬂

①→	□			イ	ッ	チ	
②→	レ	□		コ	ー	ト	
③→	マ		□		ホ	ン	
④→	コ	ン		□			
⑤→	ク	リ	ー		□		
⑥→	ホ	ッ	ト			□	

ヒント
① パンにハムをはさんで食べるのは…。
② 雨がふったら、きていきましょう。
③ 歌を歌うときは、これをもって…。
④ ビルは、これでできています。
⑤ よごれたふくは、このお店に出します。
⑥ 細長いソーセージをはさんだパンは?

ことばばらばらじけん

名まえ

絵の中の４つのことばをばらばらにしてべつのことばを作るんだよ。ばらばらにした文字をうまく組み合わせて、５つのくだものの名前を作って、下の□に書いてね。

答え

	し		り		も		き			ん

ほねほねクロスワード①

名まえ

下の６つの虫の名前を□にあてはめて、ぜんぶうめよう。つかわないことばがあったり、２回つかったりしてはだめだよ。いちばんみじかいことばからうめていくと、かんたんだよ。

けむし	あかとんぼ	げんごろう
むしかご	だんごむし	てんとうむし

ほねほねクロスワード②

名まえ

下(した)の 10 このことばを□にあてはめて、ぜんぶうめよう。つかわないことばがあったり、2回(かい)つかったりしてはだめだよ。いちばんみじかいことばからうめていくと、かんたんだよ。

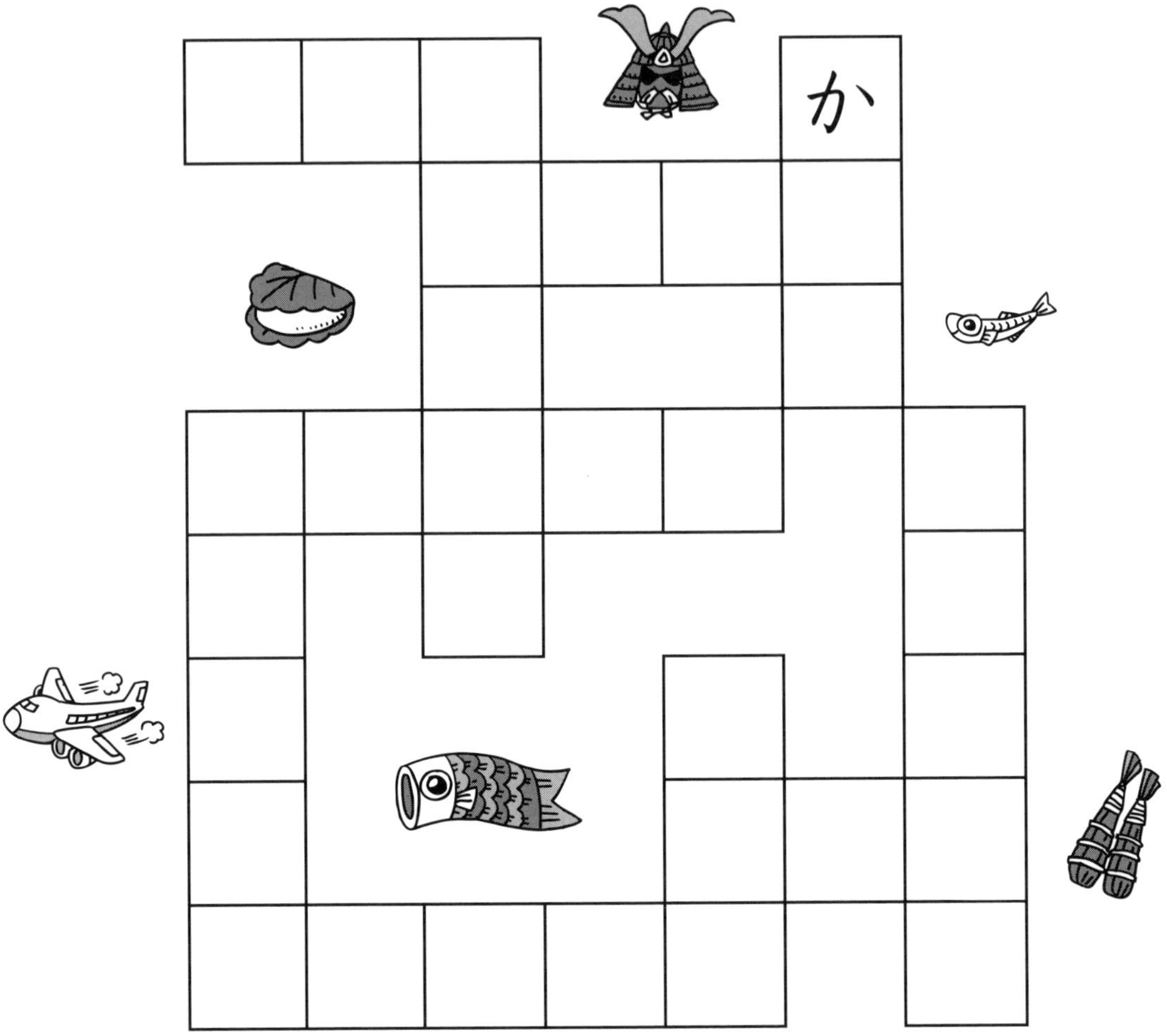

ちまき	かぶと	めだか	まんが
こどものひ	こいのぼり	ふきながし	
しょうぶ	かしわもち	りょかっき	

ほねほねクロスワード③

名まえ

下の 12 このことばを□にあてはめて、ぜんぶうめよう。つかわないことばがあったり、2回つかったりしてはだめだよ。いちばんみじかいことばからうめていくと、かんたんだよ。

てるてるぼうず	てんきよほう	かさ	あまがえる
にゅうばい	あめあがり	かたつむり	あじさい
あめんぼ	むしば	はみがき	みずたまり

クロスワード①

名まえ	

矢じるしのむきにヒントのことばが入るよ。あいている□に1字ずつひらがなを入れていこう。

❶→ ①↓	②↓		④↓
❷→		■	
	■	❸→ ③↓	
❹→			

[よこのヒント]

❶→ お日さまのこと。

❷→ 「後ろ」のはんたい。

❸→ よこのはんたい。

❹→ いちょうの木のみ。

[たてのヒント]

①↓ むいてもむいても、かわばかり。

②↓ おうちのこと。

③↓ ものをのせるところ。

④↓ 車を○○○○してドライブ。

クロスワード②

名まえ	

矢じるしのむきにヒントのことばが入るよ。あいている□に1字ずつひらがなを入れていこう。

❶→ ①↓	②↓	る	④↓
❷→		■	う
こ	■	❸→ ③↓	
❹→	ん		

[よこのヒント]

❶→ あまくておいしいよ。

❷→ 顔のよこについてるよ。

❸→ あいさつは大きな○○で。

❹→ 毎日、ニュースがいっぱい。

[たてのヒント]

①↓ おまつりでかつぎます。

②↓ スープをこぼして○○になった。

③↓ 頭をぶつけて○○ができた。

④↓ みんなであそぶところ。

クロスワード③

名まえ	

矢じるしのむきにヒントのことばが入るよ。あいている□に1字ずつひらがなを入れていこう。

❶→	①↓ も	②↓	ろ	③↓
■	❷→		■	し
❸→ ④↓	し	■	❹→ ⑤↓ ふ	
う	■	❺→ ⑥↓		■
❻→	ん		ろ	う

［よこのヒント］

❶→ おにがしまでおにたいじ。

❷→ 家の上にのっています。

❸→ 夜空で光っています。

❹→ 毎日入ってせいけつに。

❺→ きるもののこと。

❻→ 子どもの日の人形。

［たてのヒント］

①↓ ひょろひょろのやさい。

②↓ ○○を まいて、そだてよう。

③↓ 「前」のはんたい。

④↓ にわをきれいにそうじする。

⑤↓ ものを入れてもっていく。

⑥↓ こぼれないように○○をする。

ことばのかくれんぼ—生(い)きものさがし—

名まえ	

たて、よこ、ななめに、下(した)の12しゅるいの生(い)きものの名前(なまえ)がかくれているよ。ぜんぶ見(み)つけて、◯でかこもう。

パ	ト	ラ	イ	ネ
ン	ク	イ	ル	ズ
ダ	オ	オ	カ	ミ
キ	リ	ン	ラ	ミ
ア	サ	リ	ス	ズ

ライオン	キリン	トラ	オオカミ
ラクダ	パンダ	イルカ	ネズミ
リス	カラス	ミミズ	アサリ

ことばのかくれんぼ —食べものさがし—

名まえ

たて、よこ、ななめに、下の13しゅるいの食べものの名前がかくれているよ。ぜんぶ見つけて、○でかこもう。

だ	ん	ご	の	も	ち
お	に	ぎ	り	も	ひ
か	み	つ	ま	め	な
す	き	や	き	し	あ
て	い	て	ん	ぷ	ら
ら	っ	か	せ	い	れ

すきやき	おにぎり	のりまき	ひなあられ	
てんぷら	かすてら	みつまめ	らっかせい	
だんご	すいか	なし	もも	もち

ことばのかくれんぼ―魚(さかな)さがし―

名まえ

たて、よこ、ななめに、下(した)の17しゅるいの魚(さかな)の名前(なまえ)がかくれているよ。ぜんぶ見(み)つけて、◯でかこもう。

か	れ	い	あ	じ	に
つ	と	い	わ	し	ま
お	さ	び	ん	ふ	ぐ
た	め	か	う	さ	ろ
ら	さ	ば	ん	お	え
ご	け	ま	す	た	い

かれい	あじ	にしん	いわし	さけ	ます
かつお	ふぐ	えい	たい	さめ	さば
とびうお	まぐろ	たら	かさご	さんま	

ことばのかくれんぼ—虫さがし—

名まえ

たて、よこ、ななめに、下の15しゅるいの虫の名前がかくれているよ。ぜんぶ見つけて、◯でかこもう。

＊ぜんぶの虫を見つけると、４つの文字がのこるよ。のこった文字をならべなおして出てくる虫は何かな？

あ	げ	は	ほ	く	お	あ
ぶ	み	た	わ	に	か	り
は	る	が	や	は	み	み
え	た	ん	ち	ち	き	ず
か	ま	き	り	ぎ	り	す
つ	む	い	な	ご	む	ま
ば	し	ひ	ぐ	ら	し	し

あり	みずすまし	かみきりむし	はち	たまむし
はえ	あげは	かまきり	きりぎりす	いなご
ひぐらし	おにやんま	くわがた	ほたる	あぶ

のこりのことばでできる虫

Ⅳ

いろいろなパズルで楽しむ漢字

―漢字の読み書き・画数・部首―

おくりがな　まちがいさがし①

名まえ

かん字のおくりがながまちがっているところだけぬりつぶそう。何かの形が出てくるよ。何かな？

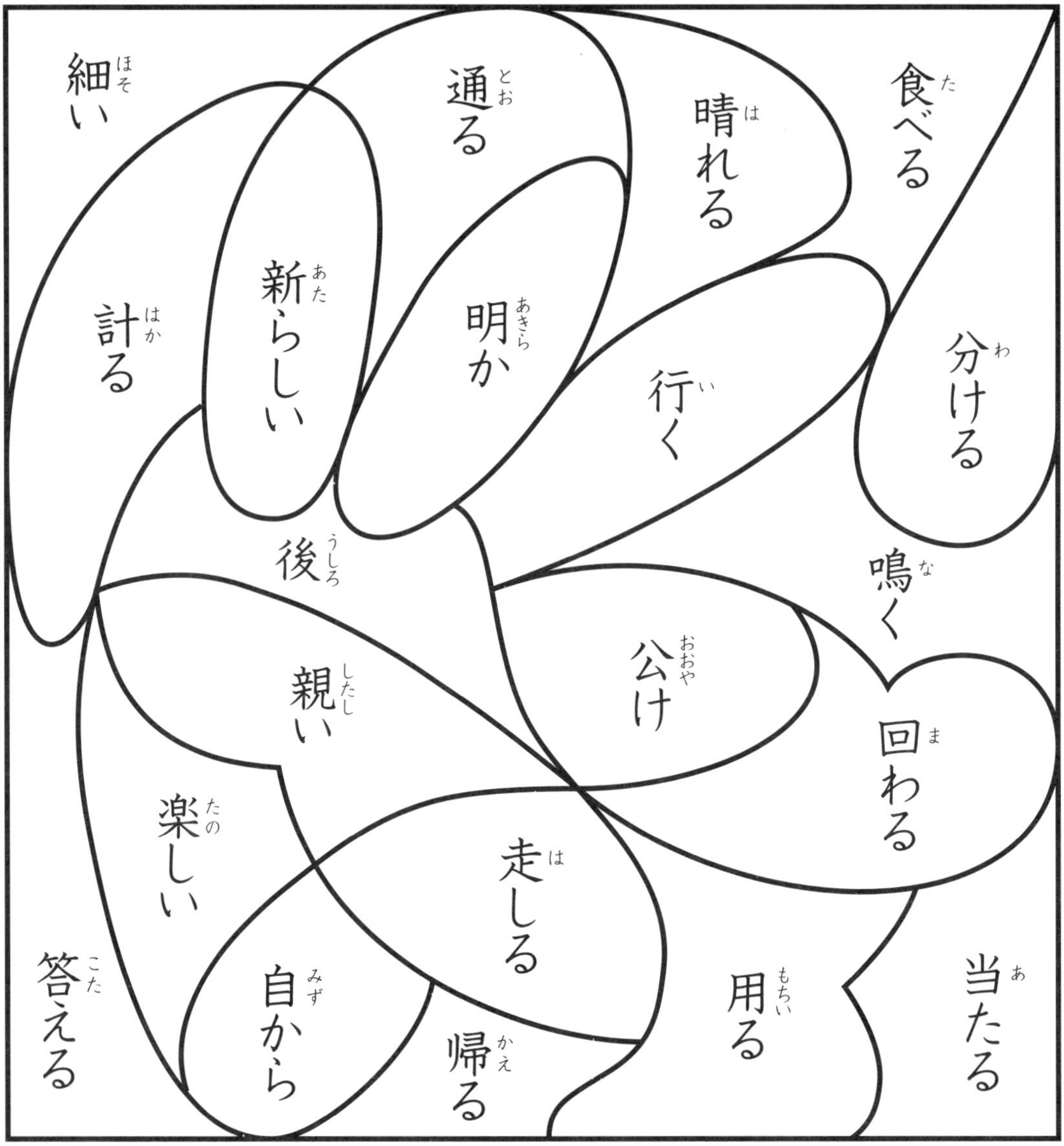

おくりがな　まちがいさがし②

名まえ

かん字のおくりがながまちがっているところだけぬりつぶそう。何かの形が出てくるよ。何かな？

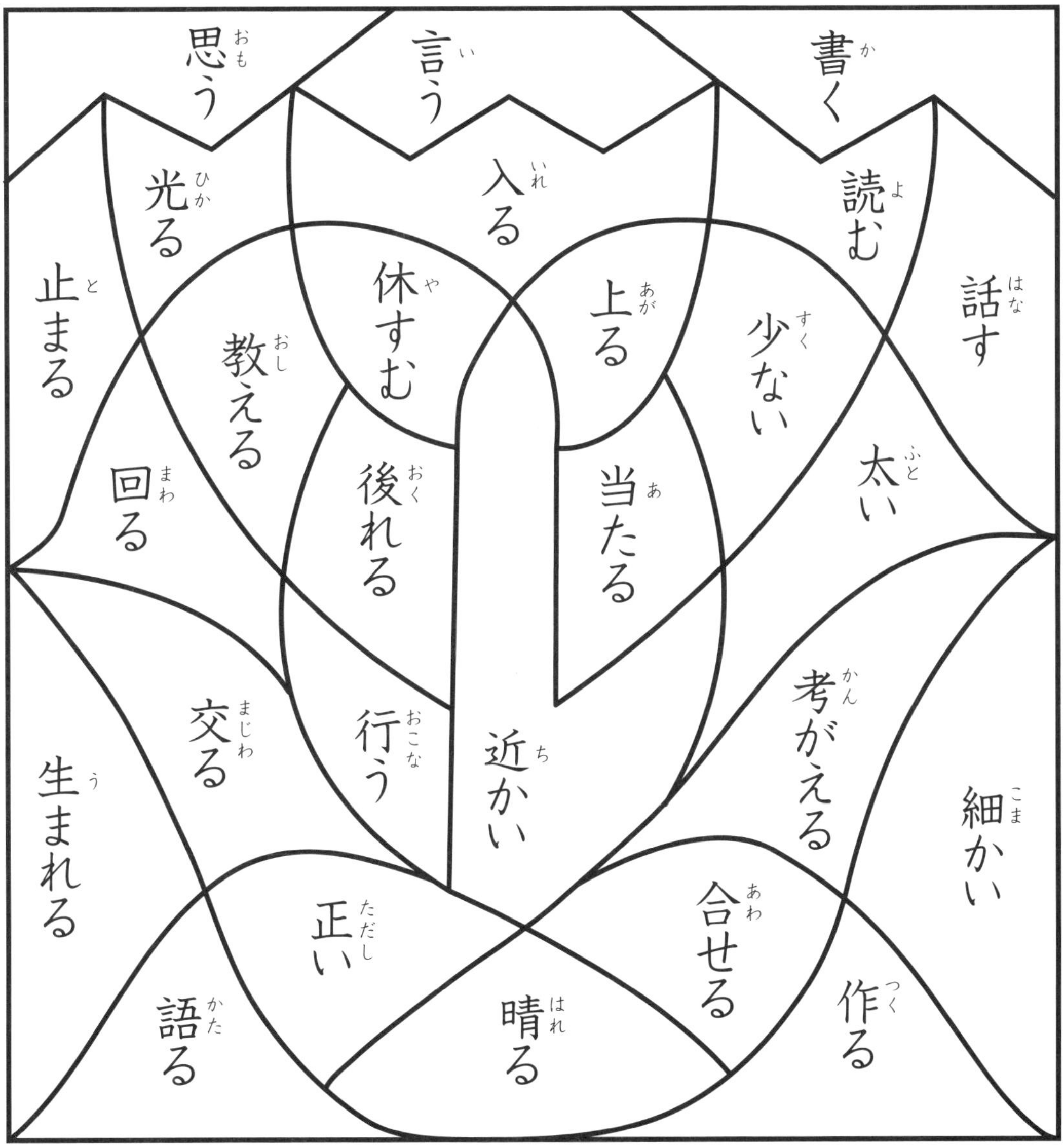

4つのことば　とじこめパズル

名まえ

かん字と正しいおくりがながいっしょのわくに入るように、まっすぐな2本の線だけで4つに分けよう。かん字とおくりがなをつないでからやると、かんたんだよ。

しい

楽

かい

高

細

い

るい

明

かん字の読み方めいろ

名まえ

スタートから、かん字の正しい読み方の道をえらんで、めいろをすすもう。正しいほうをえらぶと、ゴールまで行けるよ。

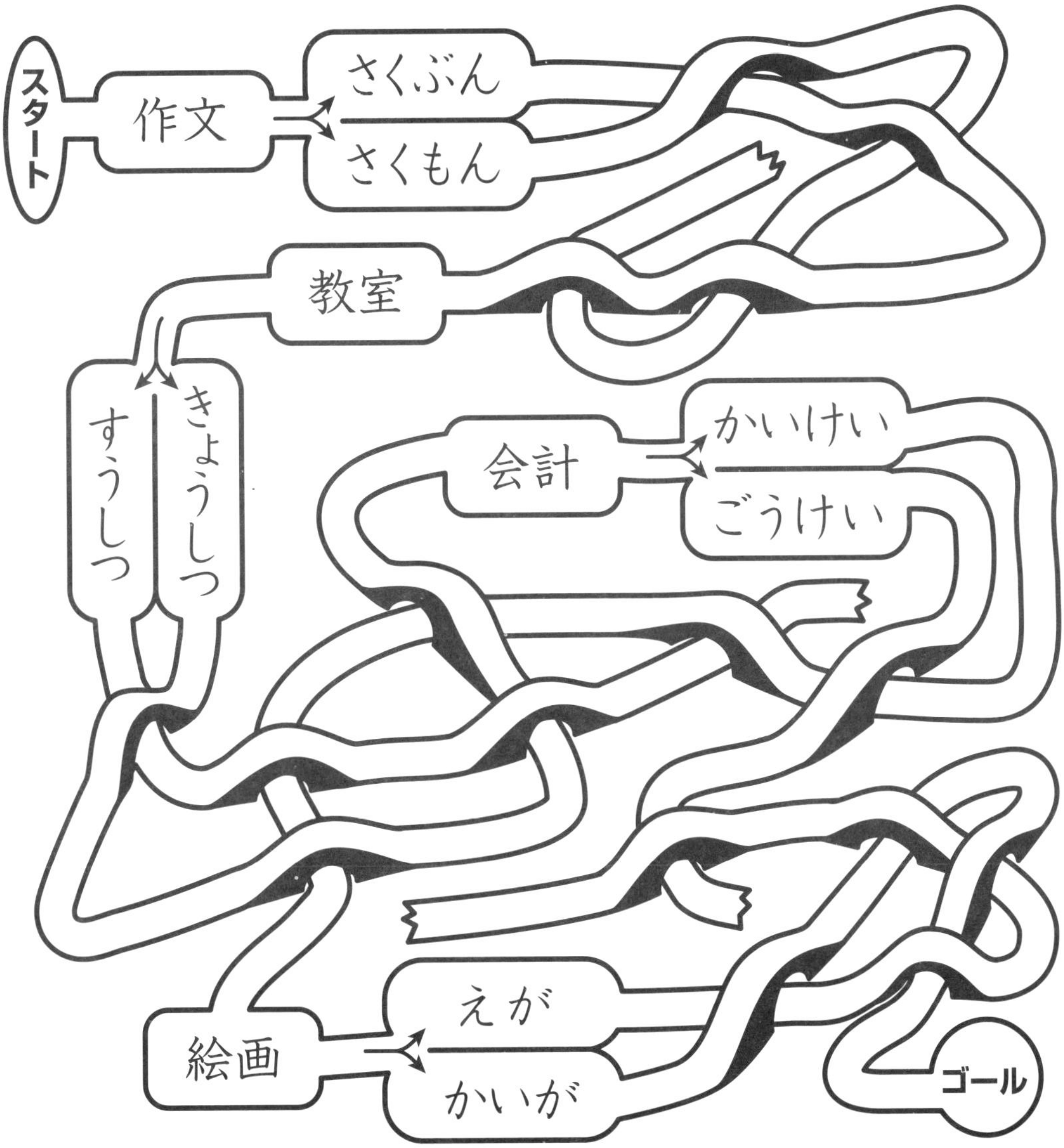

読み方ハチのすめいろ

名まえ

かん字の正しい読み方をえらんで、めいろをすすもう。正しい読み方をえらぶと、ゴールまでつながるよ。

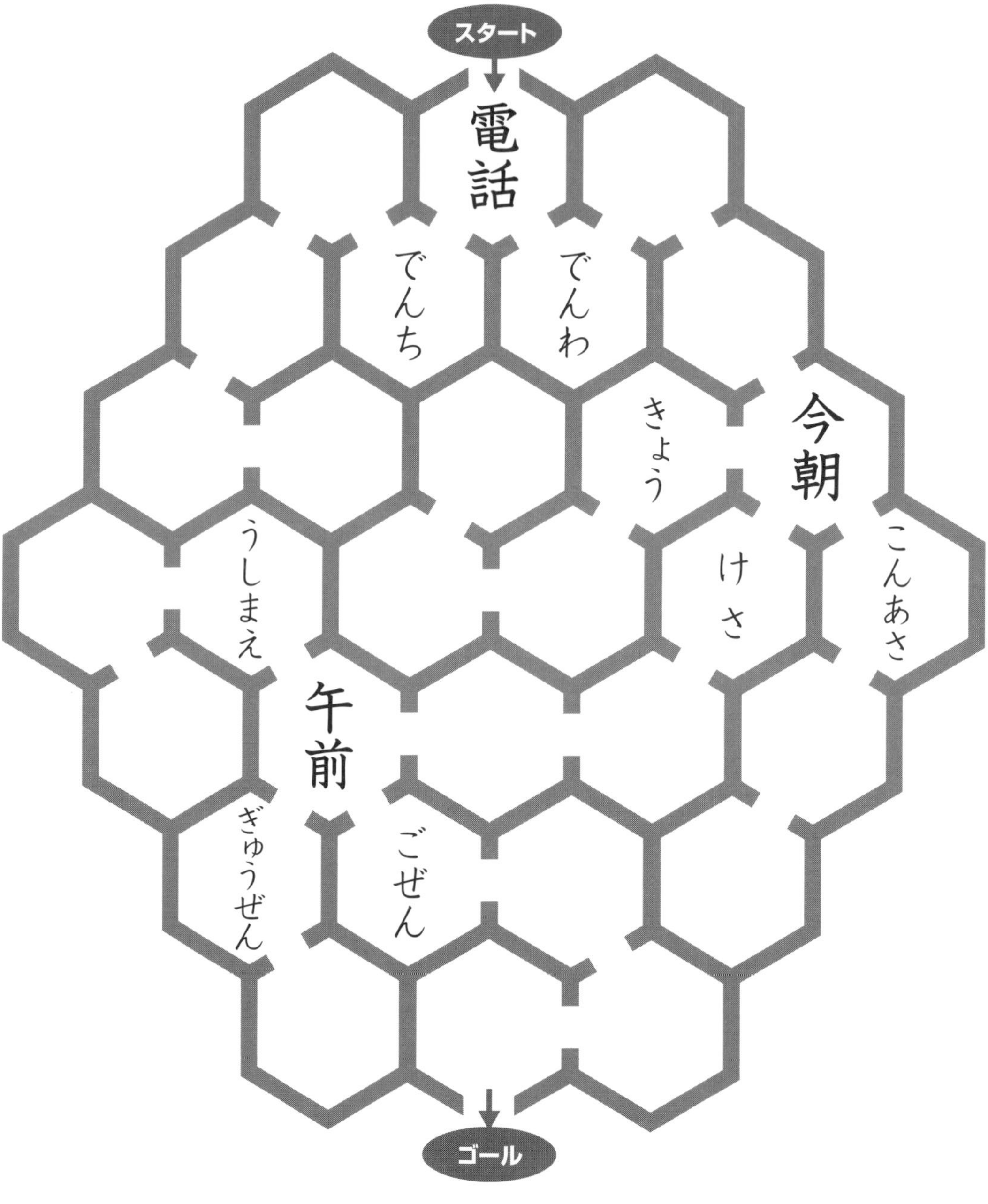

まちがいふりがなさがし

名まえ

かん字(じ)の読(よ)み（ふりがな）が正(ただ)しくないところをぬりつぶそう。何(なに)かの形(かたち)が出(で)てくるよ。いったい何(なに)かな？

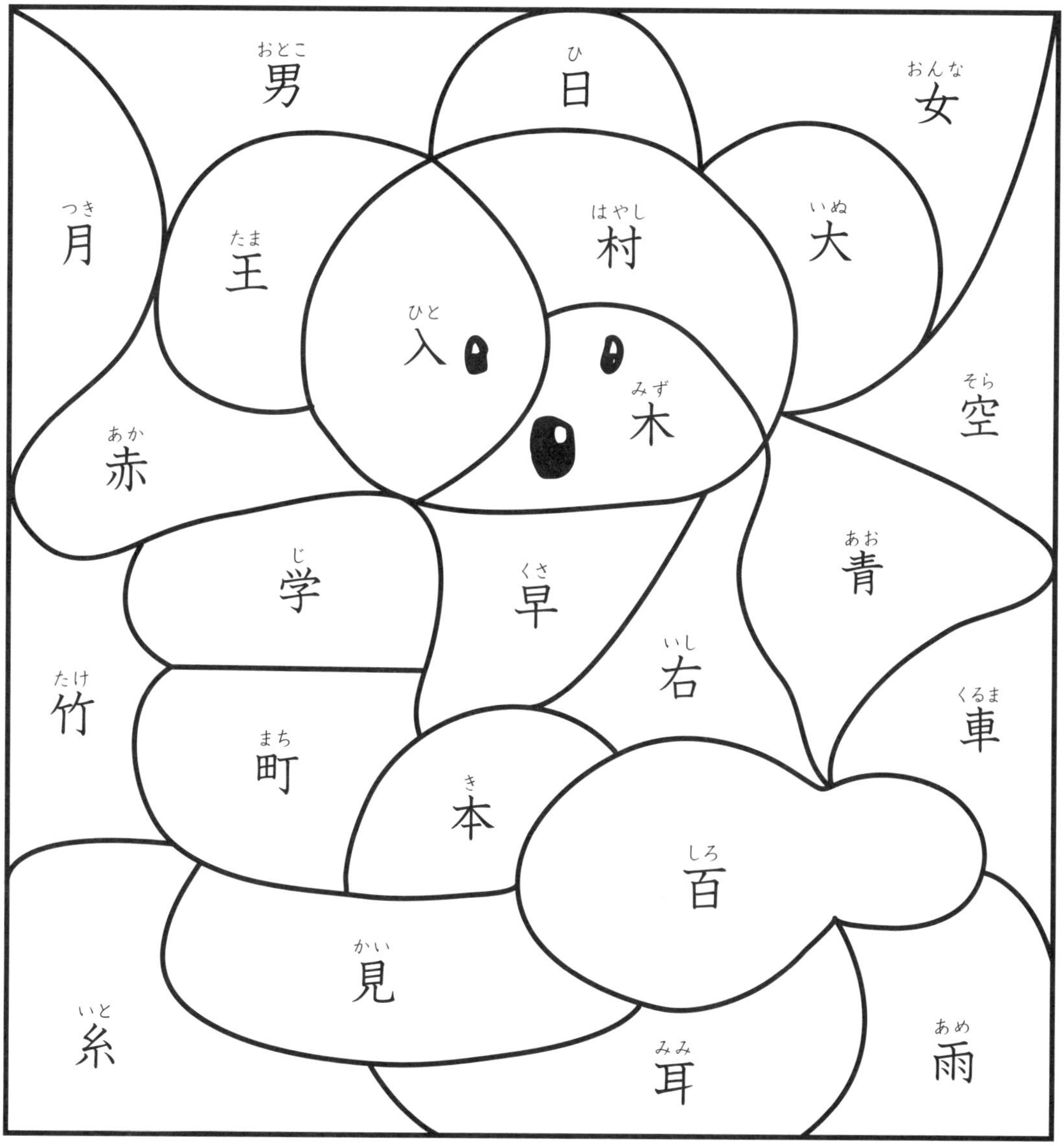

まちがいかん字さがし

名まえ

かん字の読み（ふりがな）とちがうかん字を見つけて、ぬりつぶそう。何かの形が出てくるよ。何かな？

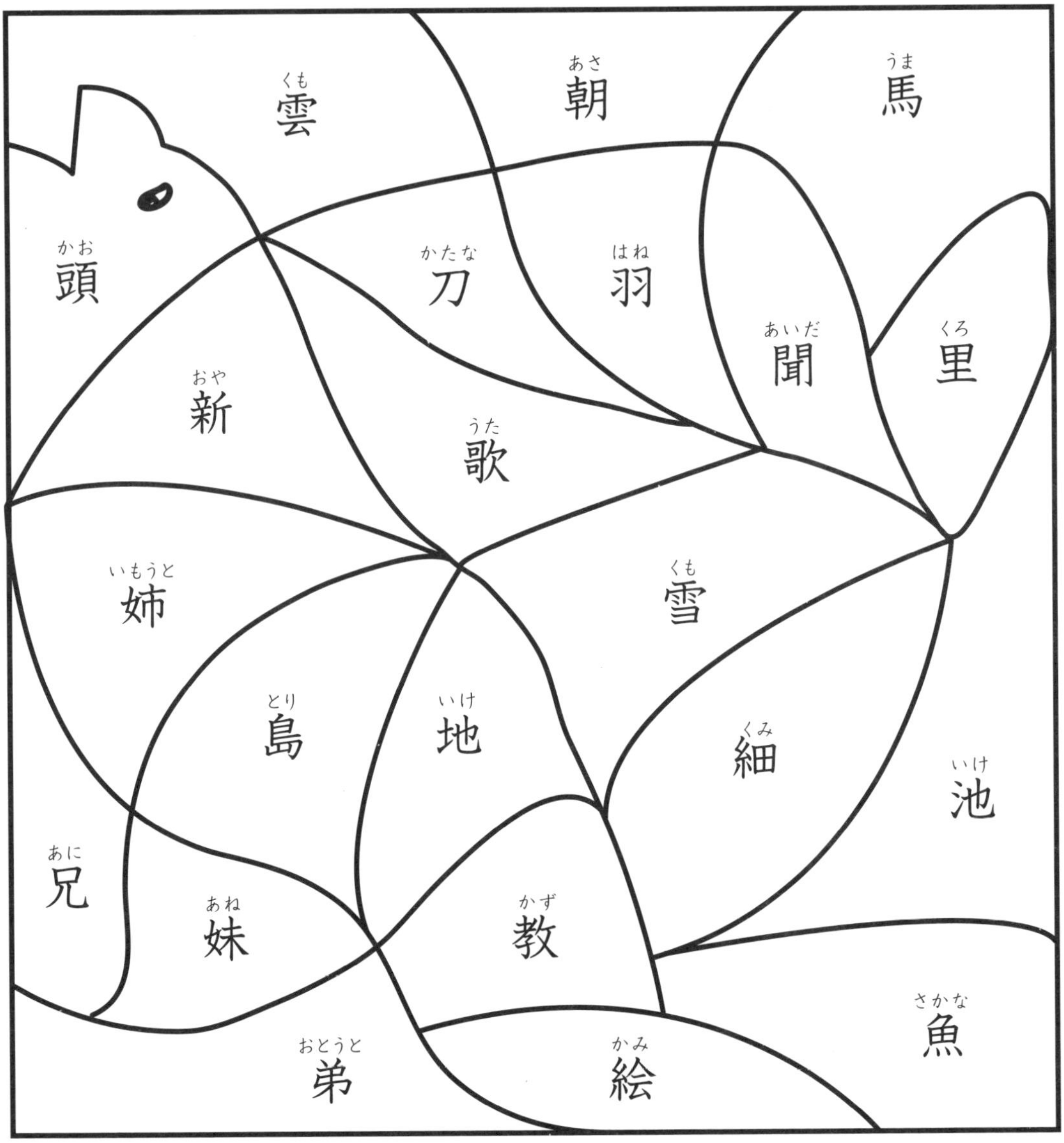

正しいかん字　ハチのすめいろ

名まえ

ひらがなの読みにあてはまるかん字をえらびながらすすもう。正しいかん字を通らないと、ゴールに出られないよ。

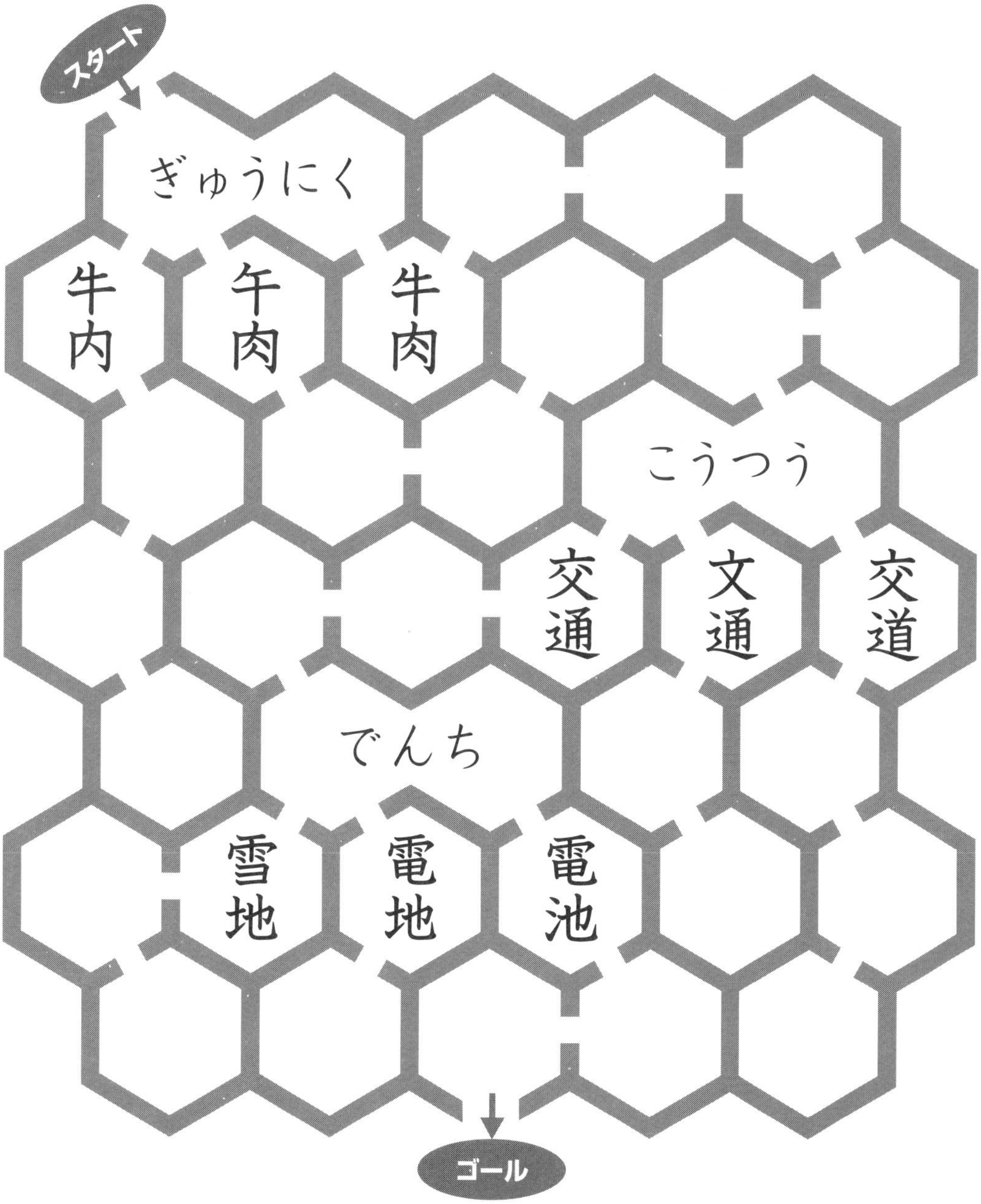

正しいかん字　あみだくじめいろ

名まえ

正しいかん字をえらびながらゴールまで行こう。あみだくじめいろは、まがり角ではかならずまがって、下かよこにすすむんだ。上にはすすめないよ。

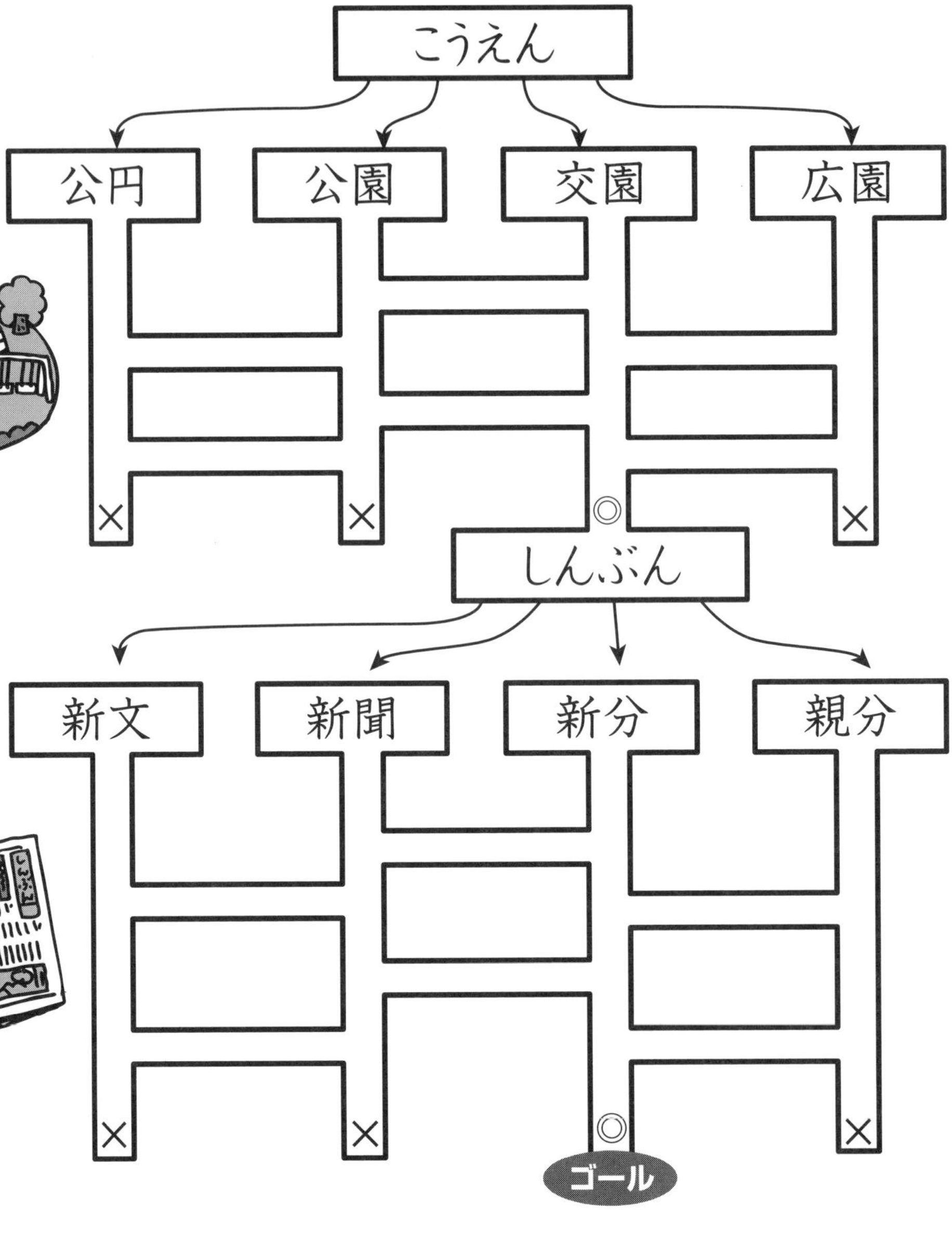

正しいかん字　はしわたりめいろ

名まえ

広場の名前を、正しいかん字で書いてあるはしをわたって、ゴールまで行こう。正しい答えのはしがゴールへの道に通じているよ。

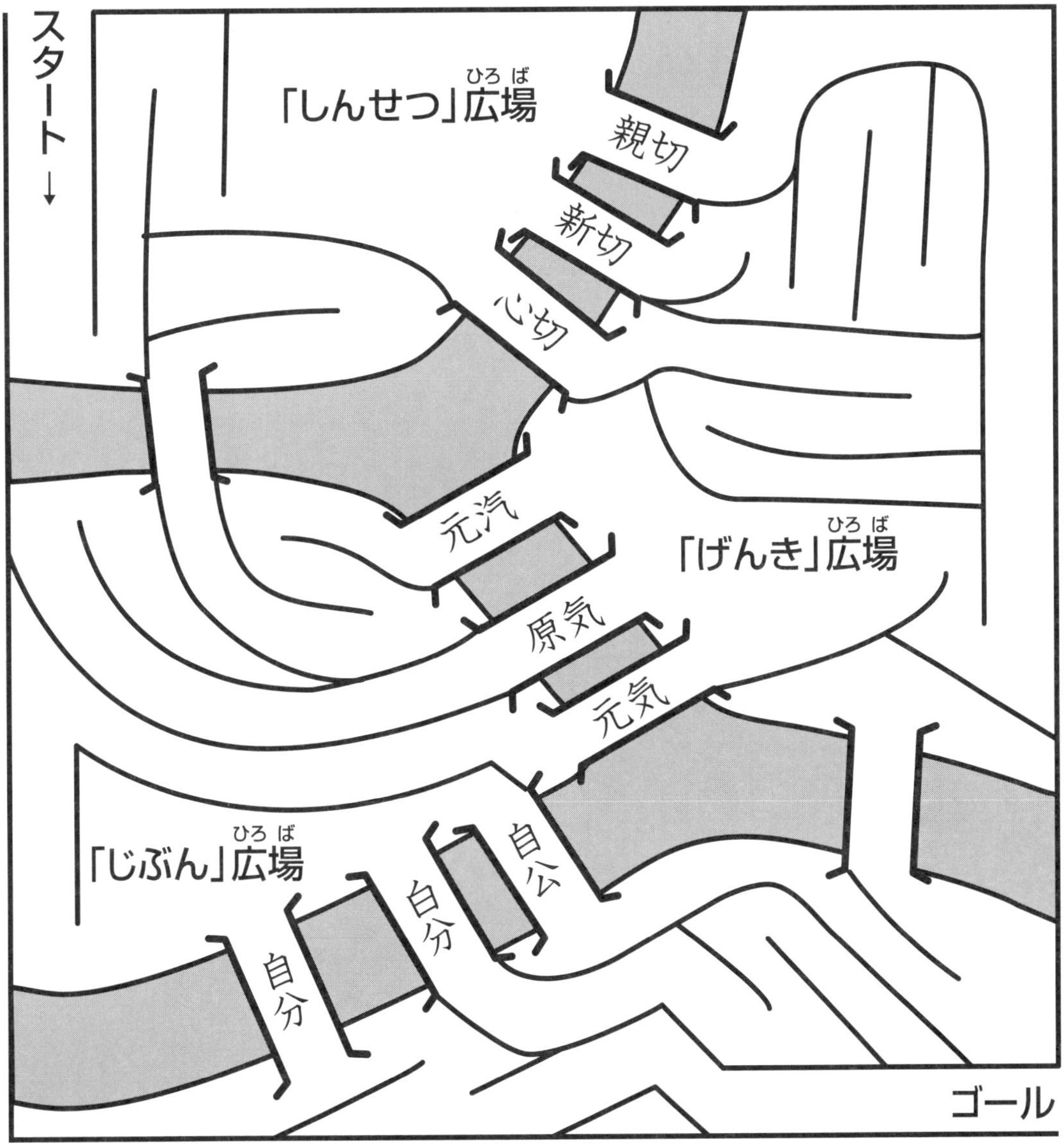

かん字つなぎ　ひもめいろ

名まえ

上と下のかん字をつないで１つのことばになるように、ひもがつながっているよ。とちゅうの□のぶぶんを、①と②のどちらのつなぎ方にすれば正しくつながるかな？

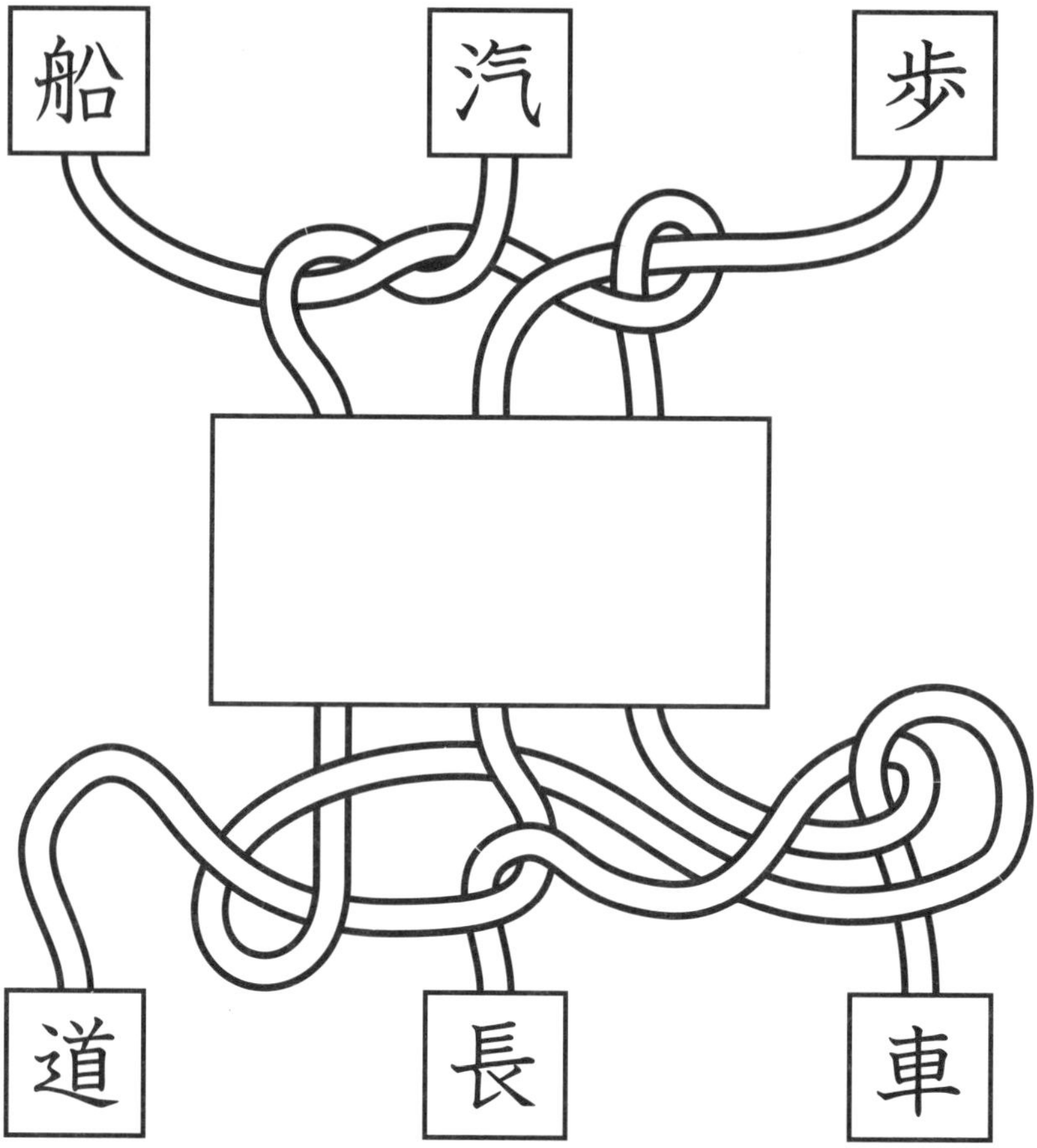

①

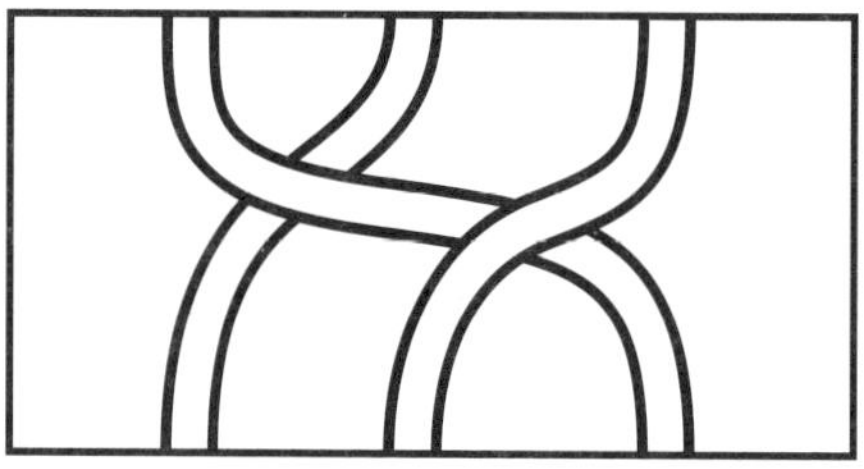

②

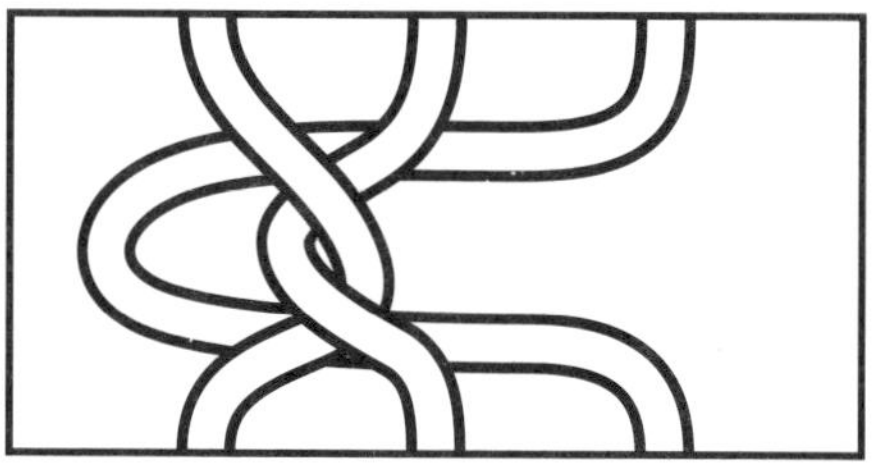

ことば作り　矢じるしめいろ

名まえ

かん字のこまから、つなげて読むとことばになる矢じるしをえらんですすもう。そうして、じゅんじゅんに矢じるしのむきのこまにすすんでいくと、ゴールへ行けるよ。

＊矢じるしがむかい合ったり、同じところをぐるぐる回ったりしたら行き止まりだよ。

スタート

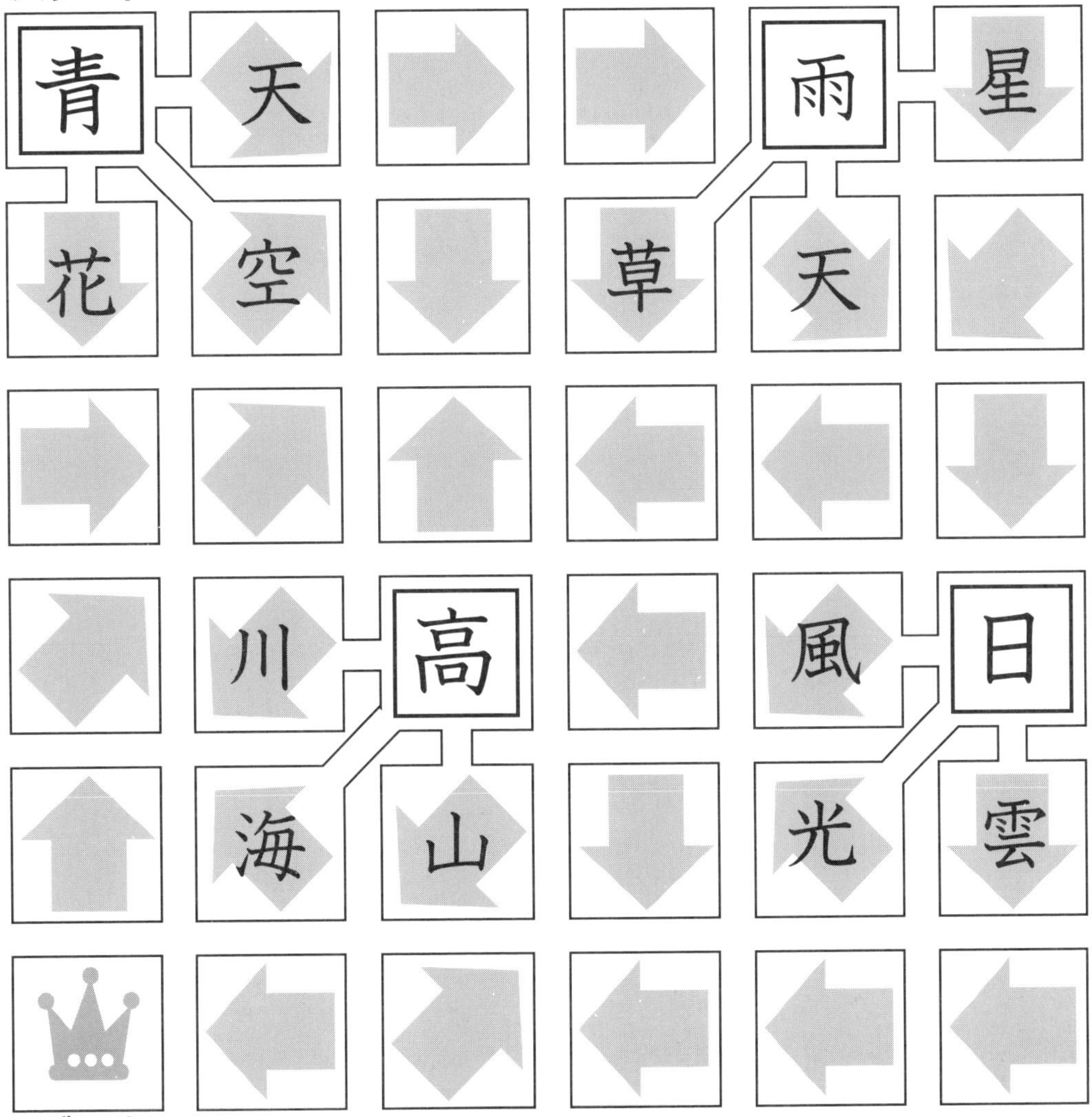

ゴール

「こう」さがし　草むらめいろ

名まえ

草むらのめいろをすすもう。スタートから、「こう」と読むかん字のところだけをえらんで通ると、ゴールの虫の王様のところへたどりつけるよ。

かん字　読みのかぎめいろ

名まえ

地下トンネルのめいろには、かん字を書いたとびらがあって、通りぬけるには、読みのかぎがひつようだよ。３つのうち、どの読みのかぎをもって行けばいいかな？

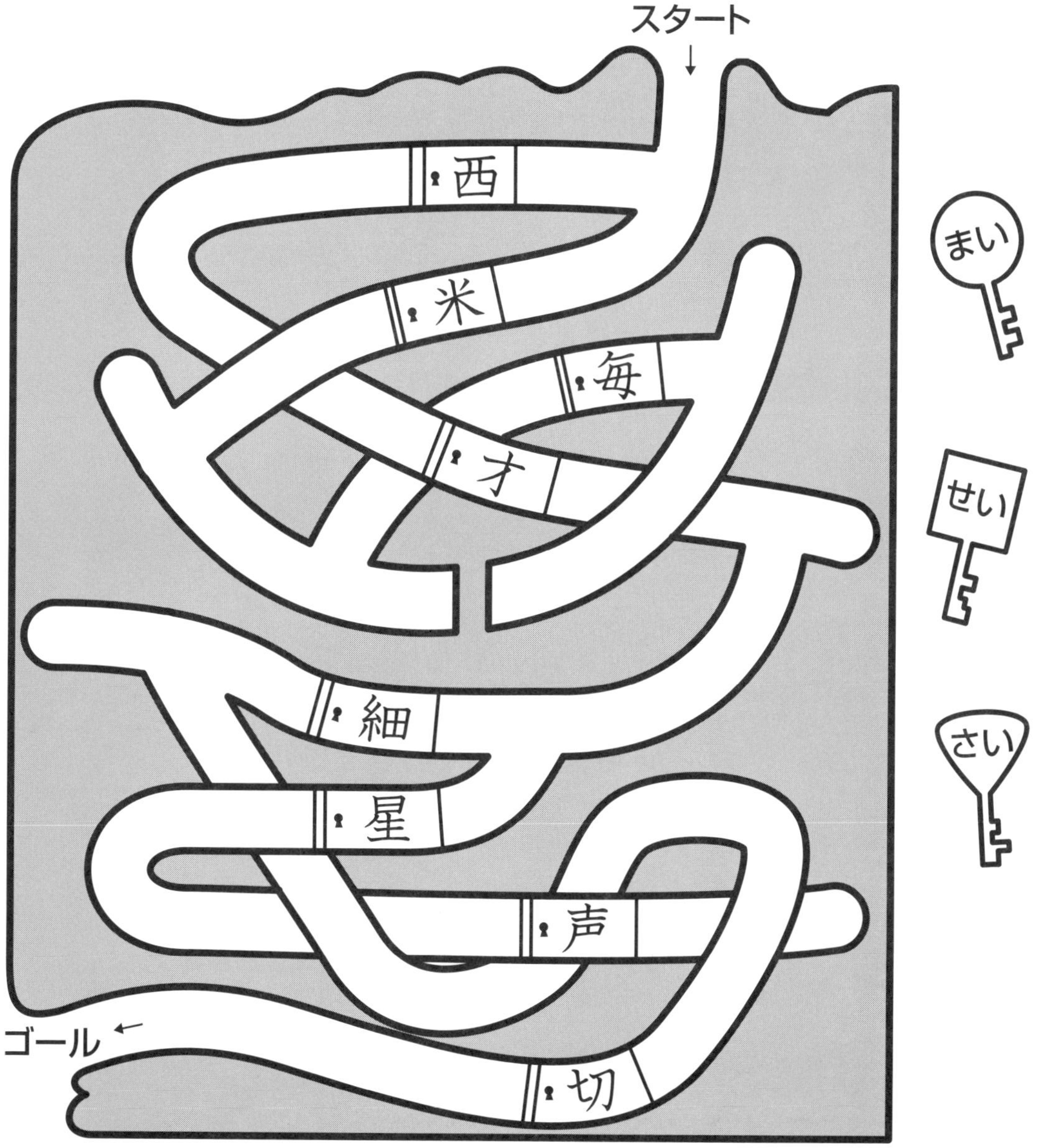

6画のかん字　しまわたりめいろ

名まえ

6画で書けるかん字は、スタートの「気」というかん字だよ。スタートから、6画で書けるかん字のしまだけを通って、ゴールまで行こう。はしのないところはわたれないよ。

かん字の画数めいろ

名まえ

1画のかん字「一」から、2画のかん字、3画のかん字と、じゅんばんにすすんで、10画のかん字まで行こう。ゴールはどこだろう？

＊あなから下のへやにおりられるよ。

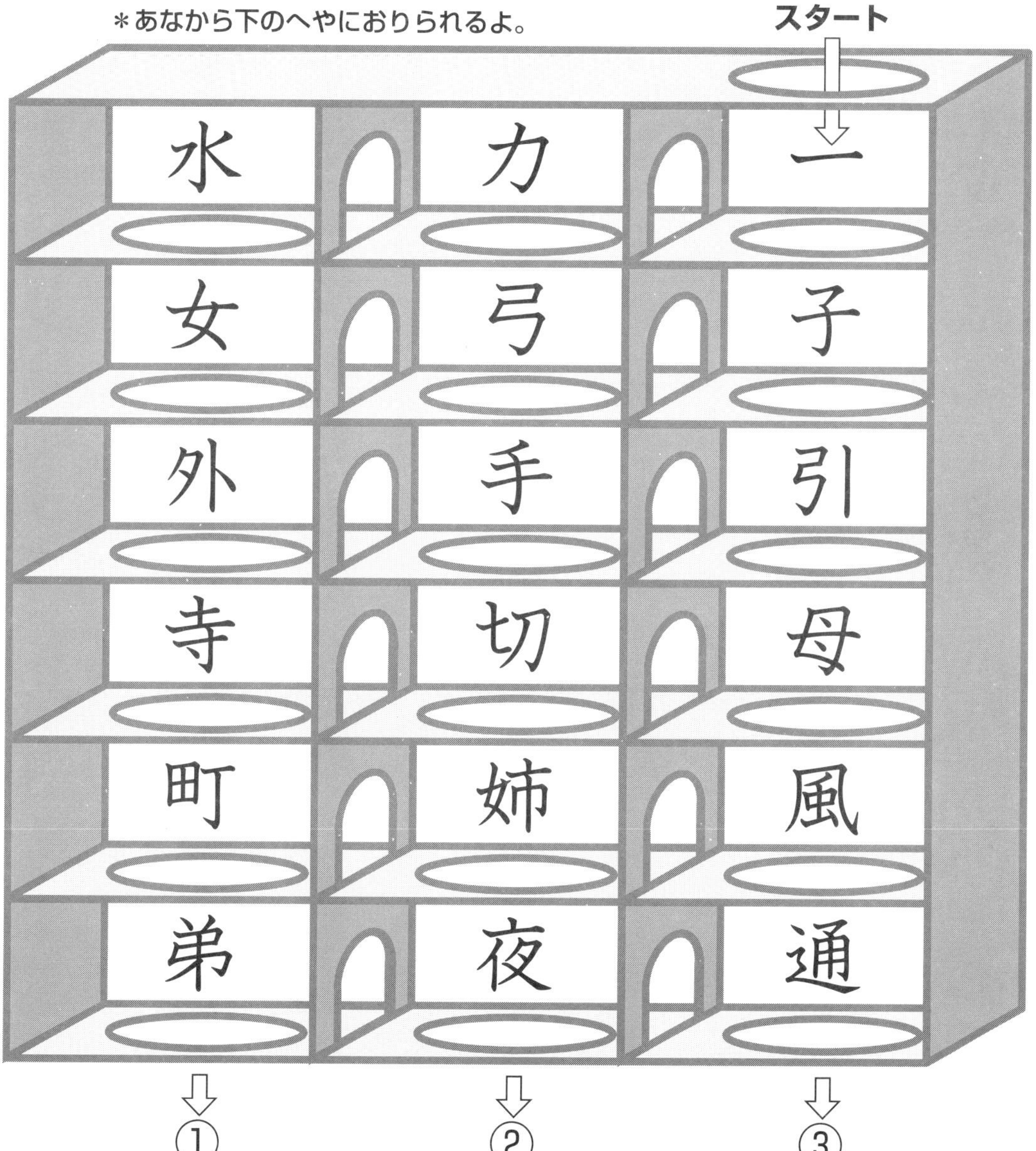

かん字画数　線つなぎ①

名まえ

画数が２画から13画までのかん字があるよ。画数の少ないじゅんに・を線でむすんでいこう。何かの形が出てくるよ。何かな？　画数を□に書いてからつないでみよう。

かん字画数　線つなぎ②

名まえ

画数が３画から16画までのかん字があるよ。画数の少ないほうからじゅんに・を線でむすんでいこう。どんなすがたが出てくるかな？　画数を□に書いてからつないでみよう。

かん字ばらばらじけん

名まえ

　ある形をしたものがわれてしまった。正しいかん字ができるように、①と②に合うかけらをあ～おからそれぞれえらんでつなぎ合わせると、２つは同じ形になるよ。できあがるかん字は何と何かな？　また、できる形も考えてね。

①

②

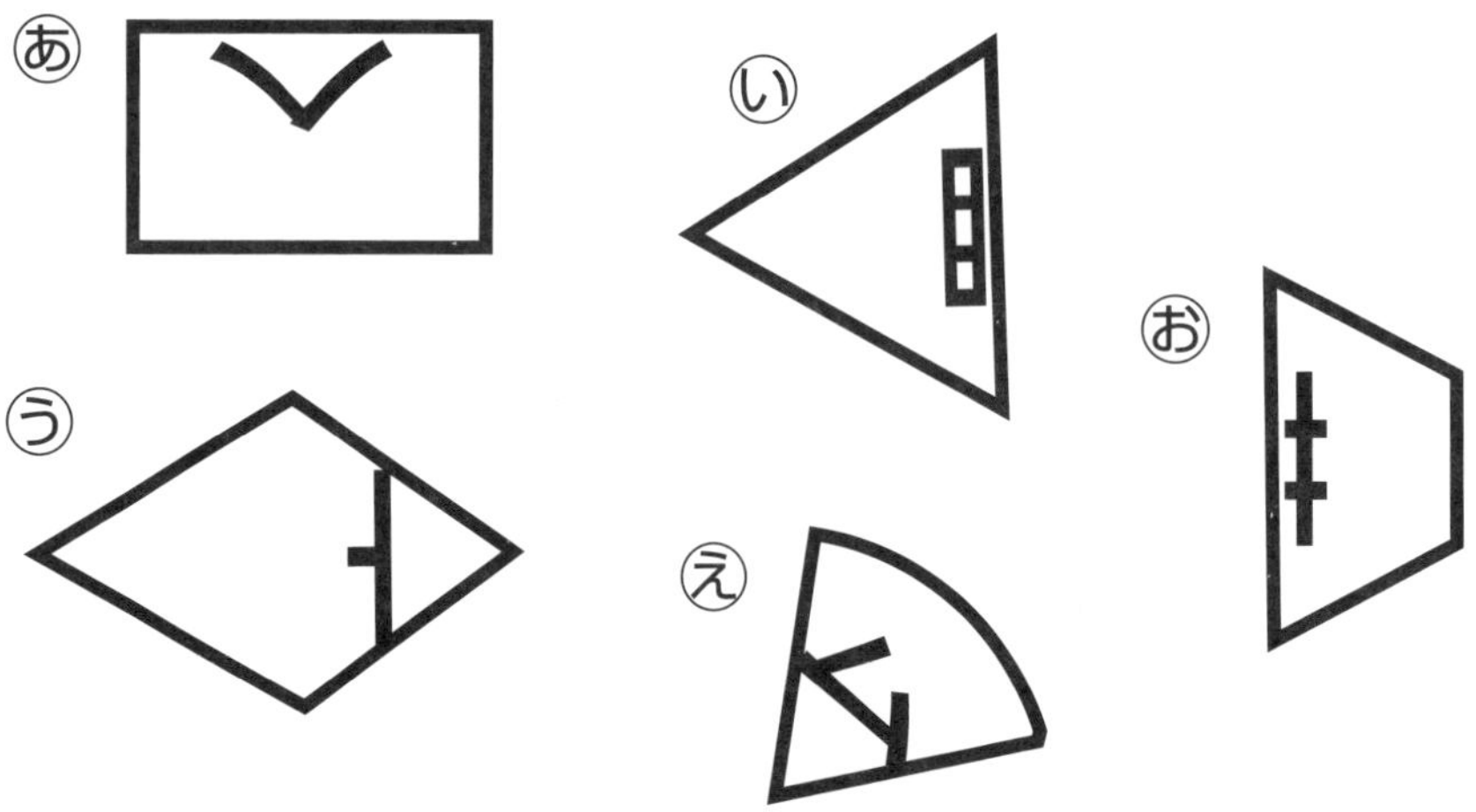

できあがるかん字

①　②

できる形

同じ部首はいくつある？

名まえ

「休」は「にんべん」、「村」は「きへん」というように、かん字にはいろいろな「へん」があるよ。しょうたくんとえりかさんは、自分のもっているかん字カードと同じ「へん」のカードをあつめているんだ。それぞれ何まいずつあつまるかな？

しょうたくん　□まい

えりかさん　□まい

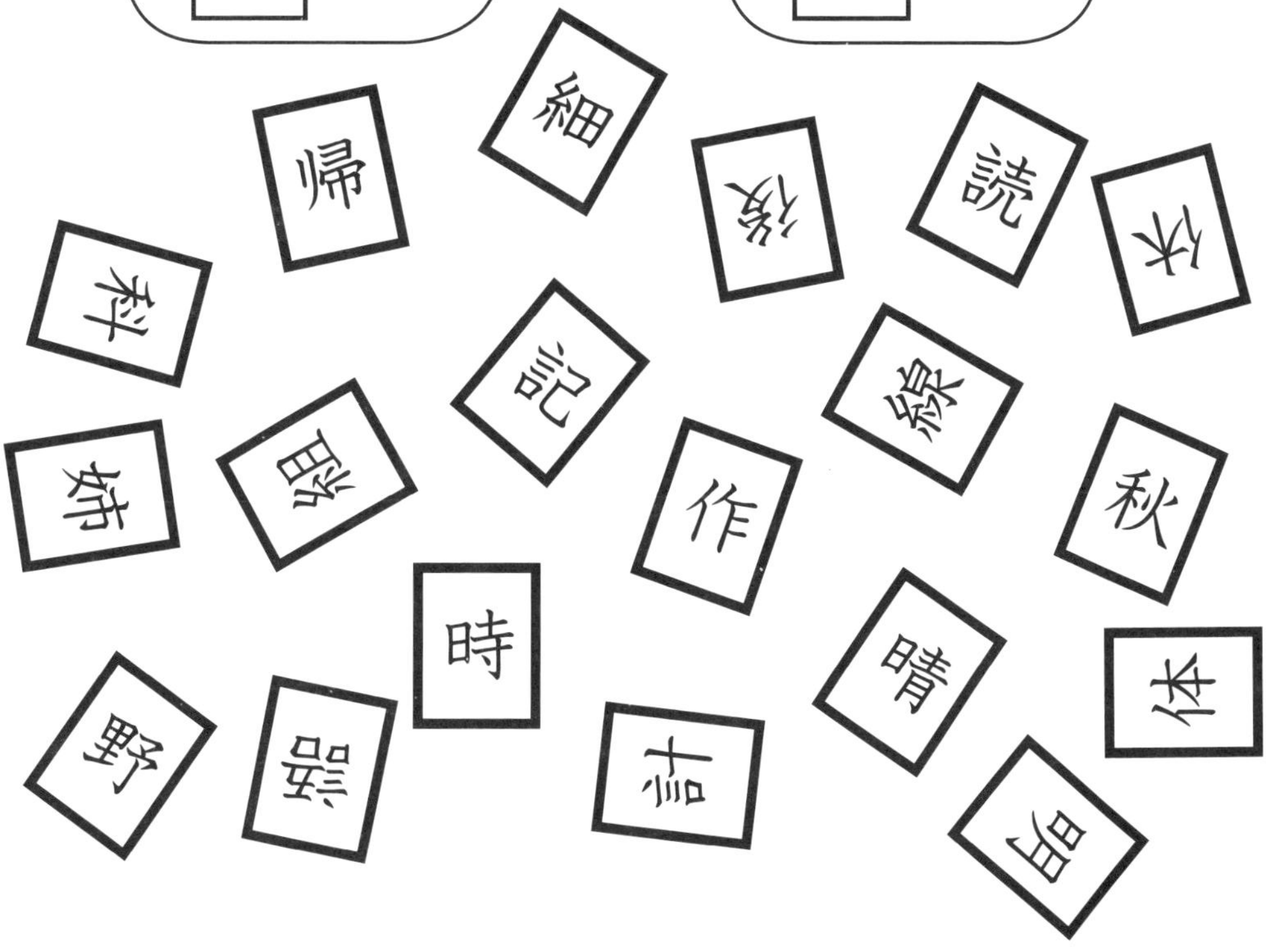

どんなかん字が出てくるかな？

名まえ

左がわに「イ」（にんべん）のついたかん字をさがして、□を黒くぬりつぶそう。①と②はそれぞれちがうかん字が出てくるよ。何というかん字かな。

①

作	村	時	糸	町
休	体	何	作	休
体	明	休	林	校
川	花	作	体	何
校	町	何	明	草
晴	林	体	休	作
山	時	何	村	晴

②

体	何	休	体	作	休
村	虫	組	船	何	草
明	海	読	時	作	話
休	作	体	車	休	時
何	林	作	糸	体	校
休	体	何	地	作	池
引	町	外	晴	何	星

V

言葉あそび

〈なぞなぞ・しりとり・ことわざ・慣用句など〉

― 言葉の使い方を広げる ―

おかしな五十音(ごじゅうおん)なぞなぞ①

名まえ

ちょっとおかしな五十音(ごじゅうおん)のなぞなぞだよ。なあんだ？　たりないところや、入(い)れかわっているところを見(み)つけて考(かんが)えよう。

[れい] ちつてと （「た」がぬけているから「たぬき」）

① かきくけ
（　　　　）

② はふへほ
（　　　　）

③ ひふへほ
（　　　　）

④ たちつみと
（　　　　）

⑤ きひふへほ
（　　　　）

⑥ さしたせそ
（　　　　）

⑦ かきくこ
（　　　　）

⑧ あいうおお
（　　　　）

⑨ いにぬねの
（　　　　）

⑩ ないぬねの
（　　　　）

おかしな五十音なぞなぞ②

名まえ

ちょっとおかしな五十音のなぞなぞだよ。なあんだ？　たりないところや、入れかわっているところを見つけて考えよう。

[れい] ちつてと （「た」がぬけているから「たぬき」）

①
し
す
せ
そ
さ
（　　　　　）

②
まみむねも

（　　　　　）

③
はしふへほ

（　　　　　）

④
あきうえお
さきすせそ

（　　　　　）

⑤
おいうえお
おしすせそ

（　　　　　）

⑥
まみむ本も

（　　　　　）

⑦
「あうお」子

（　　　　　）

⑧
きひふへほ
まきむめも

（　　　　　）

五十音かくれんぼなぞなぞ

名まえ

五十音のじゅんばんを考えて、かくれんぼしていることばを見つけてね。

①「かき」の下にくっついている数字はいくつ？

（　　　　　　）

②「は」が生えた。どこの上に生えたのかな？

（　　　　　　）

③「ぬねの」の上には何がある？

（　　　　　　）

④「て」をのせた。何の上にのっているのかな？

（　　　　　　）

⑤「いえ」のまん中にいる鳥はなあに？

（　　　　　　）

⑥「きく」の花の上にとまっている虫はなあに？

（　　　　　　）

⑦「きく」の下に生えてきたのはなあんだ？

（　　　　　　）

⑧マミムの下で見つかったものはなあに？

（　　　　　　）

1文字ことばをさがそう

名まえ	

1文字であらわせることばやものをさがそう。1つだけじゃないものもあるよ。できるだけ多くさがしてみよう。

①	おなかの中にある1文字はなあに？ （　　　　　　）
②	顔より下の、体のいちぶの1文字、なあに？ （　　　　　　）
③	頭と顔にある1文字は何？ （　　　　　　）
④	1文字であらわせる虫はなあに？ （　　　　　　）
⑤	がくに入れてかざる1文字なあに？ （　　　　　　）

⑥	草や木にかんけいある1文字、いっぱいさがして。 （　　　　　　）
⑦	体の中からときどき出る1文字は何と何？ （　　　　　　）
⑧	家にかならずある1文字はなあに？ （　　　　　　）
⑨	おふろばにある1文字、なあに？ （　　　　　　）
⑩	だいどころで、あじつけにつかう1文字、なあに？ （　　　　　　）

点点(てんてん)クイズ

名まえ

まほうつかいが、いろいろなものにてんてんをつけて、ほかのものにかえてしまったよ。何(なに)にかわるかな？

①	さる	(　　　　)
②	かき	(　　　　)
③	ふく	(　　　　)
④	タイヤ	(　　　　)
⑤	かし	(　　　　)
⑥	からす	(　　　　)
⑦	あし	(　　　　)
⑧	あさ	(　　　　)
⑨	くし	(　　　　)
⑩	ふた	(　　　　)
⑪	てんき	(　　　　)
⑫	にし	(　　　　)
⑬	いか	(　　　　)
⑭	たんす	(　　　　)
⑮	ひる	(　　　　)
⑯	すいとう	(　　　　)
⑰	はす	(　　　　)
⑱	こま	(　　　　)
⑲	ほん	(　　　　)
⑳	はら	(　　　　)

なぞなぞ「たい」のまき

名まえ

石でできたたいは「かたい」というたいなんだって。では、つぎに出てくる「たい」の名前を考えてね。

①	お正月のたいは どんなたい？ （　　　　　）
②	かみの毛のすぐ下にいる たいはどんなたい？ （　　　　　）
③	こおってしまいそうな たいはどんなたい？ （　　　　　）
④	目いしゃさんに行って、今、 かた目が見えないたいは？ （　　　　　）
⑤	へんしんして2ひきが いっしょになったたいは何？ （　　　　　）
⑥	つりばりがささってないて いるたいはどんなたい？ （　　　　　）
⑦	わきのしたをくすぐられて いるのはどんなたい？ （　　　　　）
⑧	きずぐちに白いガーゼを まいているたいは何？ （　　　　　）
⑨	くじらくらいのおもさが あるたいってどんなたい？ （　　　　　）
⑩	あつみがない、うすっぺらな たいはどんなたい？ （　　　　　）

なぞなぞ「とり」のまき

名まえ

いつもすもうをとっているのは「すもうとり」と「せきとり」というとりだよ。では、ここにあつまった「とり」は、どんなとりか考えてね。

① ごみをあつめるのがとくいなとりはどんなとり？

（　　　　　　　）

② いつもみんなからはなれているとりはどんなとり？

（　　　　　　　）

③ ことばをつなげてあそんでいるとりはどんなとり？

（　　　　　　　）

④ 目をつぶってきれいな音楽を聞いているのはどんなとり？

（　　　　　　　）

⑤ いろんな色の中に、1つだけとりがいるよ。どんなとり？

（　　　　　　　）

⑥ ゆびの間をひもが行ったり来たりしてあそんでいるとりはどんなとり？

（　　　　　　　）

⑦ いつもかん字を書いているのはどんなとり？

（　　　　　　　）

⑧ 夏、ゆかたをきてみんなでいっしょに広場でおどっているのはどんなとり？

（　　　　　　　）

おもしろことばなぞなぞ①

名まえ

ことばと、ことばの中にかくれているべつのことばをさがすなぞなぞだよ。楽しくなぞなぞであそぼう。

① トラックの上にのっているどうぶつはなあに？

（　　　　　）

② クリスマスの中にいるどうぶつは、ほんとはとなかいじゃなくてなあに？
（　　　　　）

③ すいかの中から出てきた海の生きもの、なあに？
（　　　　　）

④ れいぞうこの中にかくれているどうぶつはなあに？
（　　　　　）

⑤ ぼうしの中にかくれているどうぶつはなあに？

（　　　　　）

⑥ いつもかばんの上にのっているどうぶつはなあに？
（　　　　　）

⑦ さいふの中にかくれているどうぶつはなあに？
（　　　　　）

⑧ あくまがつれてきたどうぶつってなあに？

（　　　　　）

⑨ 戸のかげにかくれているどうぶつはなあに？
（　　　　　）

⑩ しゅうまいの中から出てきたどうぶつはなあに？
（　　　　　）

おもしろことばなぞなぞ②

名まえ

ことばと、ことばの中にかくれているべつのことばをさがすなぞなぞだよ。楽しくなぞなぞであそぼう。

① かいはかいでも、サンタがのっているかいはどんなかい？
（　　　　　　）

② ぞうはぞうでも、むねでどきどきしているぞうはどんなぞう？
（　　　　　　）

③ ビルはビルでも、顔にあるビルってなあに？

（　　　　　　）

④ いすはいすでも、きれいな声で鳴くいすってどんないす？
（　　　　　　）

⑤ 海にすんでいて、空をとべないわしってなあんだ？
（　　　　　　）

⑥ 海のそこに生えていて、およげないかめってなあんだ？

（　　　　　　）

⑦ かばはかばでも、お寺にあるかばってどんなかば？
（　　　　　　）

⑧ だいどころでかつやくするわしって、どんなわし？
（　　　　　　）

⑨ ゆげはゆげでも、みんなの顔にいるゆげって、どんなゆげ？
（　　　　　　）

⑩ 理科がすきな鳥がいるよ。何の鳥かな？

（　　　　　　）

ことばはじめはじめなぞなぞ

名まえ

ことばあそびじゃないよ。いろんなことばの、はじまりの話だよ。こうして、いろんなことばが生まれたんだ。何のことかわかるかな。

① ものを入れる入れもので、入れると「ふくら」むから、この名前がついたものって、なあに？
（　　　　　　）

② あついので「あつ」、さむくてひえるので「ひゆ」というきせつがあるよ。いつと、いつだ？
（　　　　　　）

③ 木の「ね」などにあなをほって「すむ」どうぶつって、なんのことだ？

（　　　　　　）

④ お正月に食べるもので、やくとふくらむよ。とても長もちするから名前がついた食べもの、なあんだ？
（　　　　　　）

⑤ 人間が、「にわ」でかうようになった「鳥」って、なあんだ？

（　　　　　　）

⑥ 体の中のよくまがるところで、「ひだひだ」のあるところって、どこと、どこ？
（　　　　　　）

⑦ 足の先のほうの「くるくる」回る、「ふし」になっているところって、どこ？
（　　　　　　）

⑧ 外国の「ハンブルグ」という町でゆうめいになった、肉をつかったりょうりはなあに？
（　　　　　　）

ことわざに出てくるどうぶつなあに？①

名まえ

どうぶつにたとえて言われることばがあるよ。①～⑤のことわざに出てくるどうぶつは㋐～㋔の何かな。ことわざのいみは下に書いてある。じつは５つとも同じどうぶつになるんだよ。

①（　　　　）に　こばん。

いみ　たいせつなことがわからない。

②（　　　　）の手もかりたい。

いみ　とてもいそがしい。

③（　　　　）の目のよう。

いみ　とてもかわりやすい。

④（　　　　）を　かぶる。

いみ　おとなしそうにする。

⑤（　　　　）の　ひたい。

いみ　ばしょが　とてもせまい。

㋐

ぶた

㋑

馬

㋒

犬

㋓

ねこ

㋔

鳥

ことわざに出てくるどうぶつなあに？②

名まえ

どうぶつにたとえて言われることばがあるよ。①～⑤のことわざに出てくるどうぶつは何かな。ことわざのいみは下に書いてある。㋐～㋔の中からえらんで（　）に記ごうを書いてね。２回出てくるどうぶつもいるよ。

①（　　　　）が（　　　　）を生む。

いみ　ふつうの親からすぐれた子が生まれる。

②（　　　　）の子は（　　　　）。

いみ　子は親ににる。

③（　　　　）に　にらまれた（　　　　）。

いみ　こわくてうごけない！

④ふくろの（　　　　）。

いみ　もう、にげられない！

⑤（　　　　）に　あぶらげをさらわれる。

いみ　よこどりされる。

㋐

かえる

㋑

たか

㋒

ねずみ

㋓

とんび

㋔

へび

体のことば、どのぶぶんかな？①

名まえ

（　）には体のぶぶんの名前が入るよ。①〜⑤が、下に書いてあるいみになるには、それぞれどのぶぶんを入れればいいかな。㋐〜㋔からえらんで（　）に記ごうを書こう。

①（　　　　）が　ぼうになる。

いみ　つかれる。

②（　　　　）が　立つ。

いみ　おこる。

③（　　　　）を　ぬく。

いみ　いいかげんにやる。

④（　　　　）が　おれる。

いみ　とてもくろうする。

⑤（　　　　）を　長くする。

いみ　今か今かと まっている。

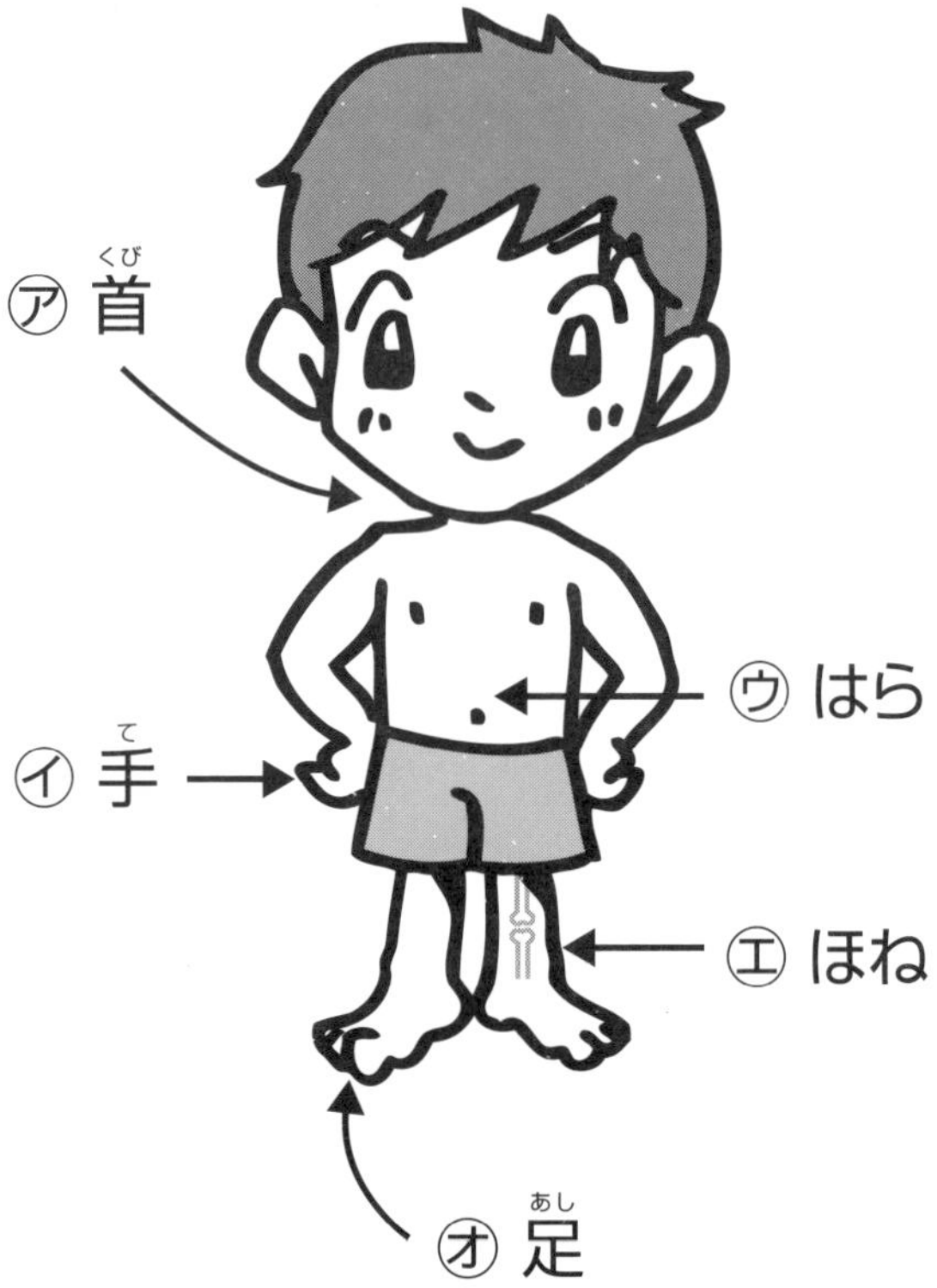

体のことば、どのぶぶんかな？②

名まえ

（　）には顔のぶぶんの名前が入るよ。①～⑤が、下に書いてあるいみになるには、それぞれどのぶぶんを入れればいいかな。㋐～㋔からえらんで（　）に記ごうを書こう。

①（　　　　）が　かるい。

いみ　おしゃべり。

②（　　　　）を　まるくする。

いみ　びっくりする。

③（　　　　）が　高い。

いみ　じまんできる。

④（　　　　）が立たない。

いみ　かなわない。

⑤（　　　　）をかす。

いみ　そうだんにのる。

「すらすら」パズル

名まえ

□ら□らの□にいろいろなひらがなを入れよう。もんだいがどんどんとけるのは「すらすら」だね。では、つぎの文のいみに合うようにするには、何を入れればいいかな？

① 星が光っているよ。
□ら□ら

② ねこのしたは……。
□ら□ら

③ ちょうちょがとんでいる。
□ら□ら

④ バスがなかなか来ないので……。
□ら□ら

⑤ 小川がながれているよ。
□ら□ら

⑥ じしんだ！ ゆれているよ。
□ら□ら

⑦ ボートがなみにゆられて……。
□ら□ら

⑧ つかれちゃって、もう……。
□ら□ら

つぎの□に入る文字をならべると、どうぶつの名前ができるよ。それは何かな。

□□

水がのみたいよ、のどが……。
□ら□ら

きちんとならべたのにくずれちゃって……。
□ら□ら

「あるある」パズル

名まえ	

□る□るの□にいろいろなひらがなを入れよう。こんなもんだい、よくあるよね。「うん、あるある」。では、つぎの文のいみに合うようにするには、何を入れればいいかな？

①	こんにゃくを つついたら……。 □る□る	⑤	氷の上は すべってすべって……。 □る□る
②	どじょうを さわったら……。 □る□る 	⑥	じょうずに 木にのぼっていくよ。 □る□る
③	ズボンが長すぎて 引きずっているよ。 □る□る	⑦	うわあはやい！　あっと いうまに遠くなっていく。 □る□る
④	道にまよって同じところを 歩いているみたい。 □る□る	⑧	今日はさむくて ふるえちゃう。 □る□る 

つぎの□に入る文字をならべると、どうぶつの名前ができるよ。それは何かな。

□□

こまが回っているよ。 □る□る 	この赤ちゃん、太ってて かわいいね。 □る□る

さかさまことば①

名まえ

「きつつき」、さかさに読んでも「きつつき」。「なすとすな」、さかさに読んでも「なすとすな」。このように、下のさかさまことばも作ってみてね。

①	いかと（　　　　　　　）。
②	（　　　　　　　）は かるい。
③	（　　　　　　　）は 楽さ。
④	にわに（　　　　　　　）。
⑤	せみの（　　　　　　　）。
⑥	しかに（　　　　　　　）。
⑦	（　　　　　　　）、食べたかい？
⑧	（　　　　　　　）の しわ。
⑨	（　　　　　　　）に つく。
⑩	（　　　　　　　）い 六。

さかさまことば②

名まえ

「きつつき」、さかさに読んでも「きつつき」。「なすとすな」、さかさに読んでも「なすとすな」。このように、下のさかさまことばも作ってみてね。

①	たいやき（　　　　　　　　）。
②	きいろい（　　　　　　　　）。
③	（　　　　　　　　）かうぞ。
④	（　　　　　　　　）は、中さ。
⑤	ねばる（　　　　　　　　）。
⑥	子ども、（　　　　　　　　）？
⑦	（　　　　　　　　）らしい。
⑧	（　　　　　　　　）と時計。
⑨	田うえ（　　　　　　　　）。
⑩	ようかん（　　　　　　　　）。

だじゃれことばあそび①

名まえ

「ふとんがふっとんだ〜！」というような、だじゃれは知っているかな。①〜⑤も同じようなだじゃれだよ。＿のことばから考えて、だじゃれになることばを（　）に書いてね。

①	（　　　　　　）を切ってね。
②	（　　　　　　）はあるけど、かさない。
③	（　　　　　　）を　かぶった。
④	（　　　　　　）が　ひっくりかえる。
⑤	2時に（　　　　　　）が出た。

だじゃれことばあそび②

名まえ

「ふとんがふっとんだ～！」というような、だじゃれは知っているかな。①～⑤も同じようなだじゃれだよ。＿のことばから考えて、だじゃれになることばを（　）に書いてね。

①	（　　　　　　）をすてなくて、 ごみんなさい。
②	（　　　　　　）をあけっぱなしで、 まー、どーしましょう。
③	（　　　　　　）をふくのを、 わすれてんじょー。
④	（　　　　　　）が出たので、 はなじができない。
⑤	（　　　　　　）と会うのは、 もう、これっきりん。

しりとりめいろ①

名まえ

「スタート」の「と」からはじめて、「ゴール」の「ご」まで、しりとりですすもう。とちゅうで、しりとりがつづかなくなってしまうことばがあるから、ちゅういしてね。

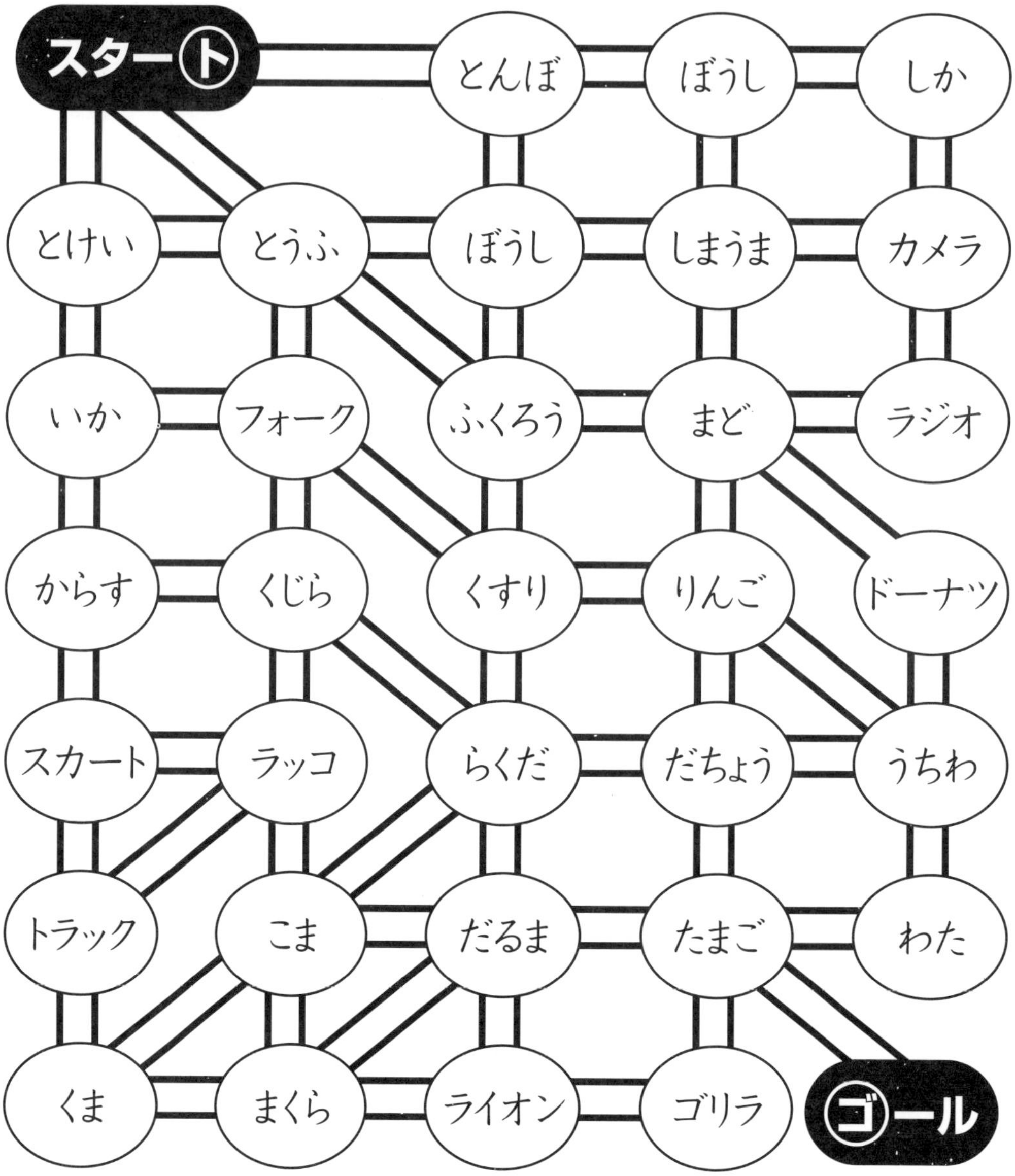

しりとりめいろ②

名まえ

「オムライス」の「す」からはじめて、「ショートケーキ」の「し」まで、しりとりですすもう。とちゅうでしりとりがつづかなくなってしまうことばがあるから、ちゅういしてね。

＊このめいろは通り道が交わってもいいよ。

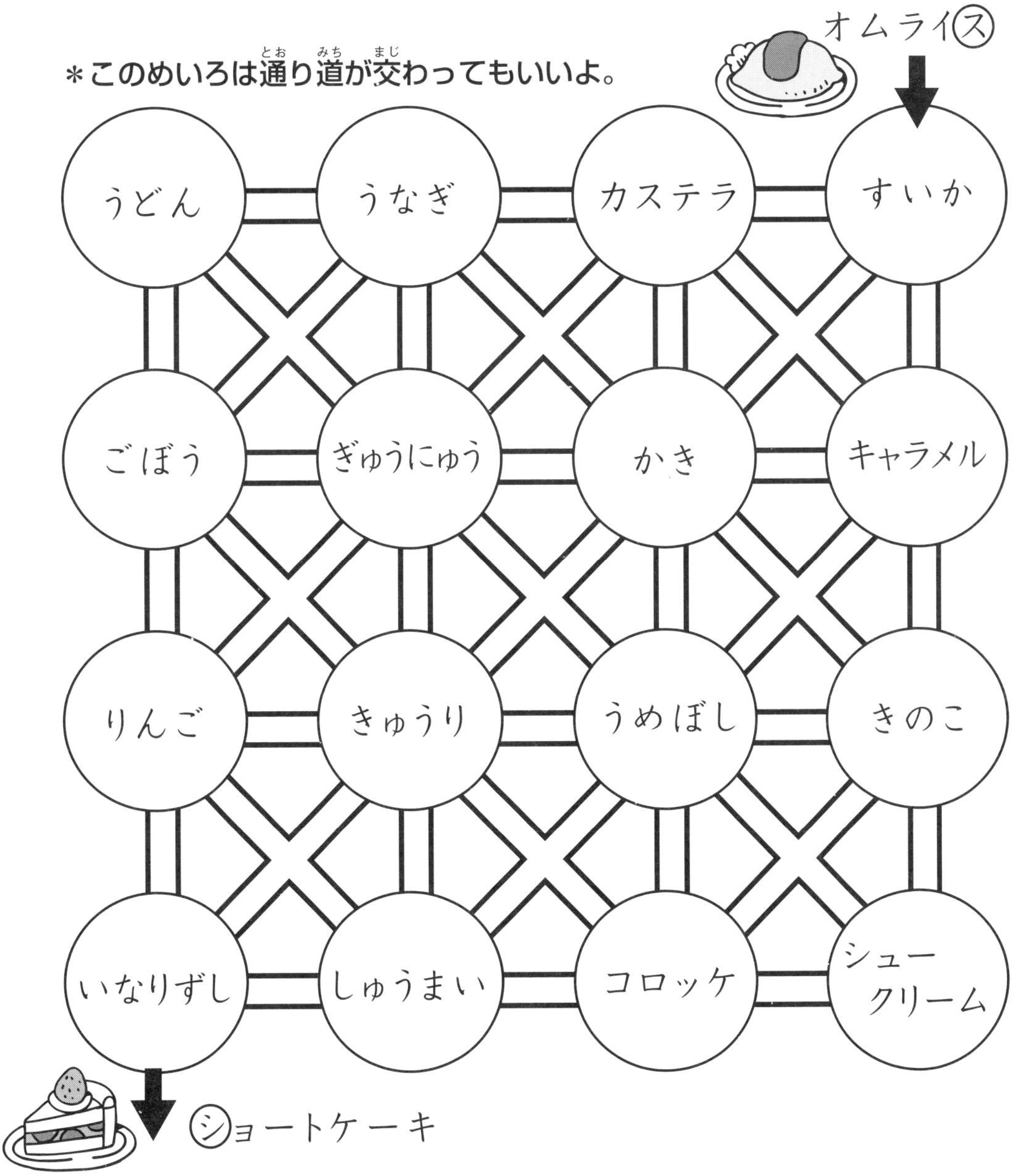

ことばのめいろでなぞなぞ！

名まえ

スタートからじゅんばんに、ことばがつながるように読(よ)んでいこう。さいごが「？」でおわるなぞなぞになるよ。さて、なぞなぞの答(こた)えはわかるかな？

スタート

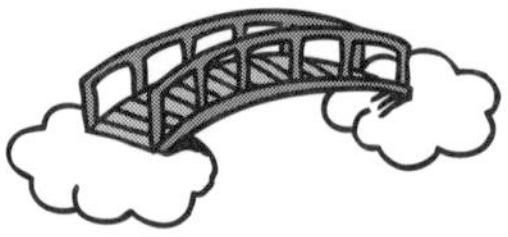

は	そ	ら	に
し	も	で	か
は	は	し	か
あ	な	7	る
に	は	い	ろ
？	し	は	の

こたえ

スタート

だ	ょ	う	？
れ	し	で	た
の	か	う	ぶ
に	お	い	と
も	ぶ	た	ん
い	る	は	な

こたえ

Ⅵ

漢字をこわしてあそぶ

― 漢字の構成を楽しむ ―

半分かん字　わかるかな？①

名まえ

かん字を書いた紙がおってあって、半分しか見えない。でも、のこりの半分もほとんど同じ形だから、これだけでわかるはずだよ。（　）にそれぞれ答えを書いてね。

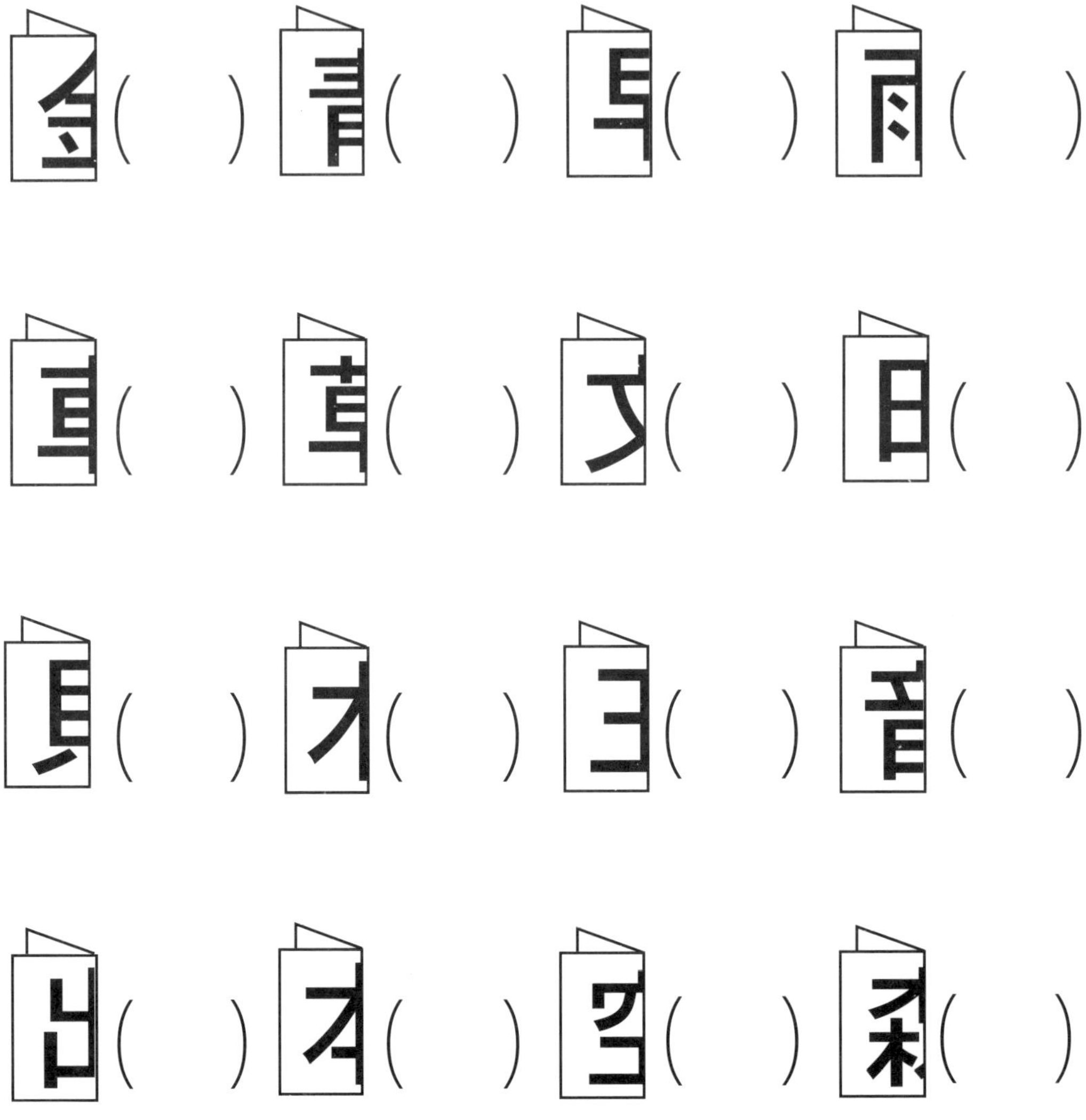

半分かん字　わかるかな？②

名まえ

かん字を書いた紙がおってあって、半分しか見えない。でも、のこりの半分もほとんど同じ形だから、これだけでわかるはずだよ。（　）にそれぞれ答えを書いてね。

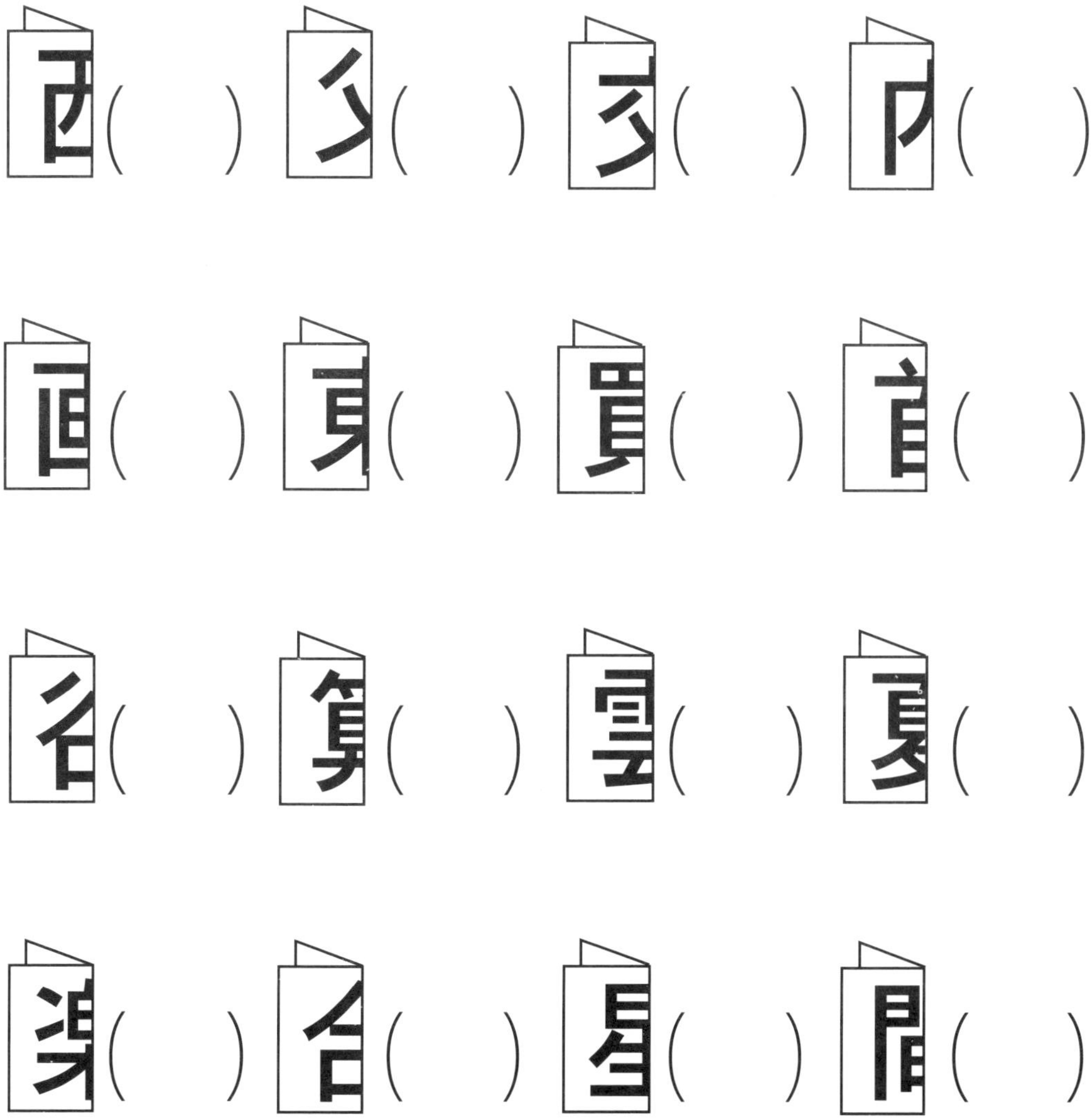

半分かん字　わかるかな？③

名まえ

かん字を書いた紙がおってあって、半分しか見えない。でも、のこりの半分もほとんど同じ形だから、これだけでわかるはずだよ。（　）にそれぞれ答えを書いてね。

（　　）
（　　）
（　　）
（　　）

（　　）
（　　）
（　　）
（　　）

（　　）
（　　）
（　　）
（　　）

（　　）
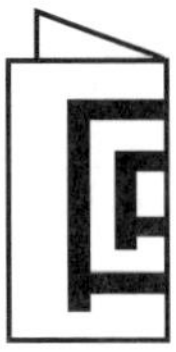（　　）
（　　）
（　　）

ばらばらかん字　わかるかな？①

名まえ

かん字の中で、いろいろなところのならび方が少しずつかわってしまった。元のかん字はどんな字かな？　（　）にそれぞれ元のかん字を書こう。

ばらばらかん字　わかるかな？②

名まえ

かん字の中で、いろいろなところのならび方が少しずつかわってしまった。元のかん字はどんな字かな？　(　)にそれぞれ元のかん字を書こう。

ばらばらかん字　わかるかな？③

名まえ

かん字の中で、いろいろなところのならび方が少しずつかわってしまった。元のかん字はどんな字かな？　（　）にそれぞれ元のかん字を書こう。

ばらばらかん字　わかるかな？④

名まえ

かん字の中で、いろいろなところのならび方が少しずつかわってしまった。元のかん字はどんな字かな？　（　）にそれぞれ元のかん字を書こう。

ばらばらかん字　わかるかな？⑤

名まえ

かん字を書いた紙が４まいに切れてしまった。元のかん字はどんな字かな？　きちんとならべてできるかん字を書こう。

（　　　）

（　　　）

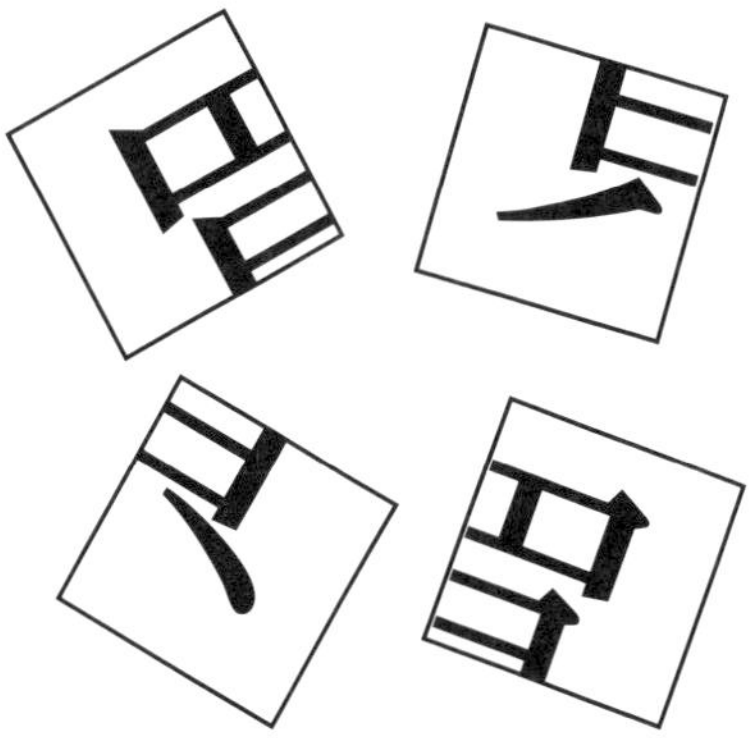

（　　　）

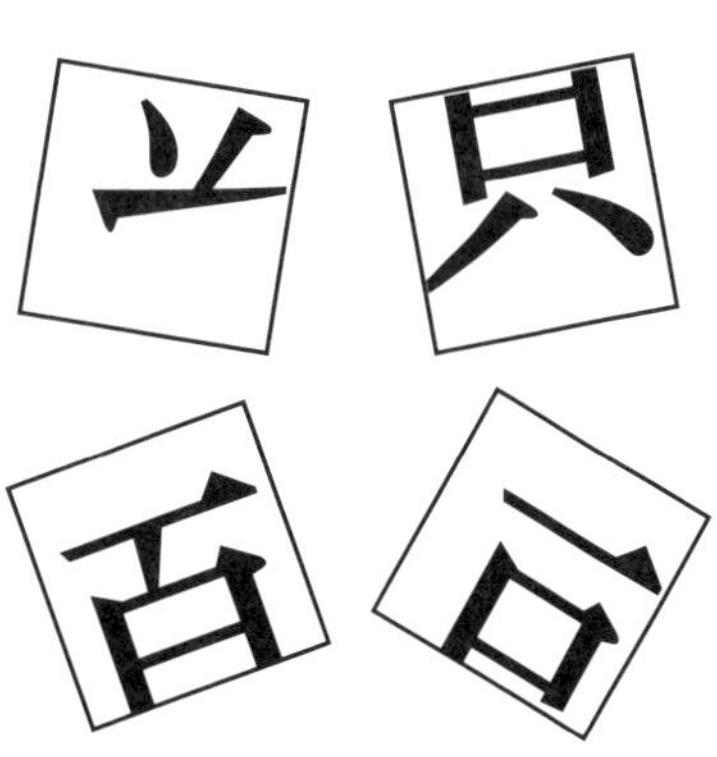

（　　　）

ばらばらかん字　わかるかな？⑥

名まえ

かん字を書いた紙が４まいに切れてしまった。元のかん字はどんな字かな？　きちんとならべてできるかん字を書こう。

（　　　）

（　　　）

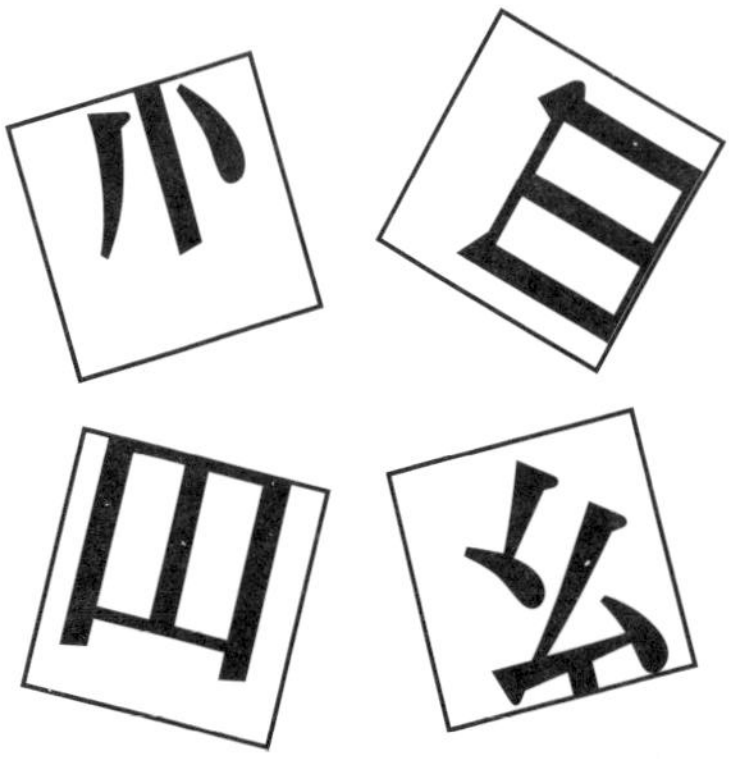

（　　　）

（　　　）

どの数字が入るのかな？

名まえ

　かん字の中から、数字がおちてしまった。どのかん字にどの数字が入るか下からえらんで書きこもう。ぜんぶちがう数字が入るよ。何のかん字になったかな。

一	二	四	五
六	七	八	十

まちがって作ったはんこはどれ？

名まえ

10本のはんこがある。でも、何本かまちがって作ってしまったらしい。まちがって作ったはんこはどれかな？

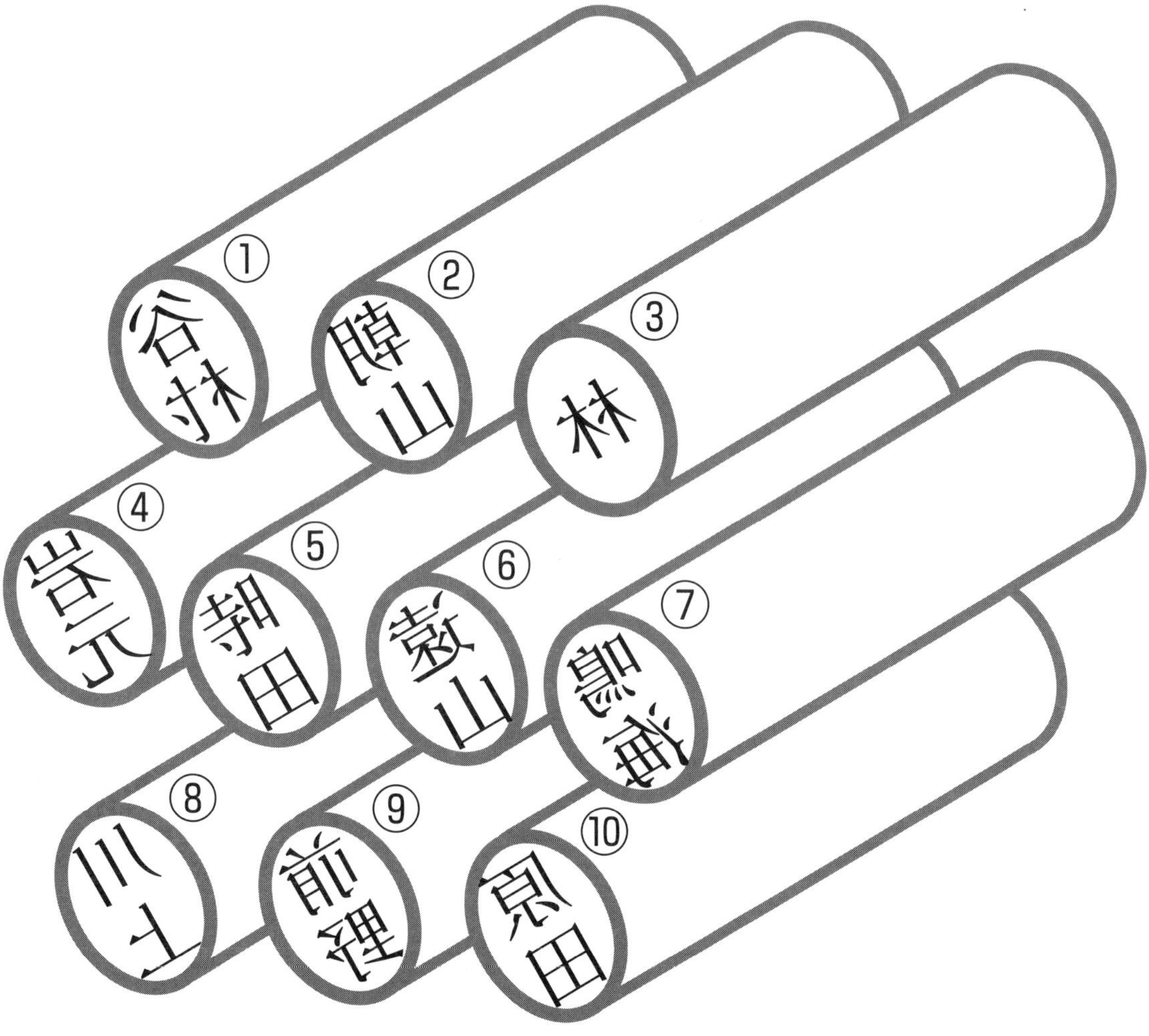

かがみにうつった習字

名まえ

はりだされた習字がかがみにうつっている。でもよく見ると、かん字のまちがっているものがいくつかある。それは、どれかな？

マスクとがんたいをしたかん字

名まえ

①かん字がマスクをして、口をかくしているよ。口が見えたら何のかん字になるかな？　「口」を入れて考えてね。

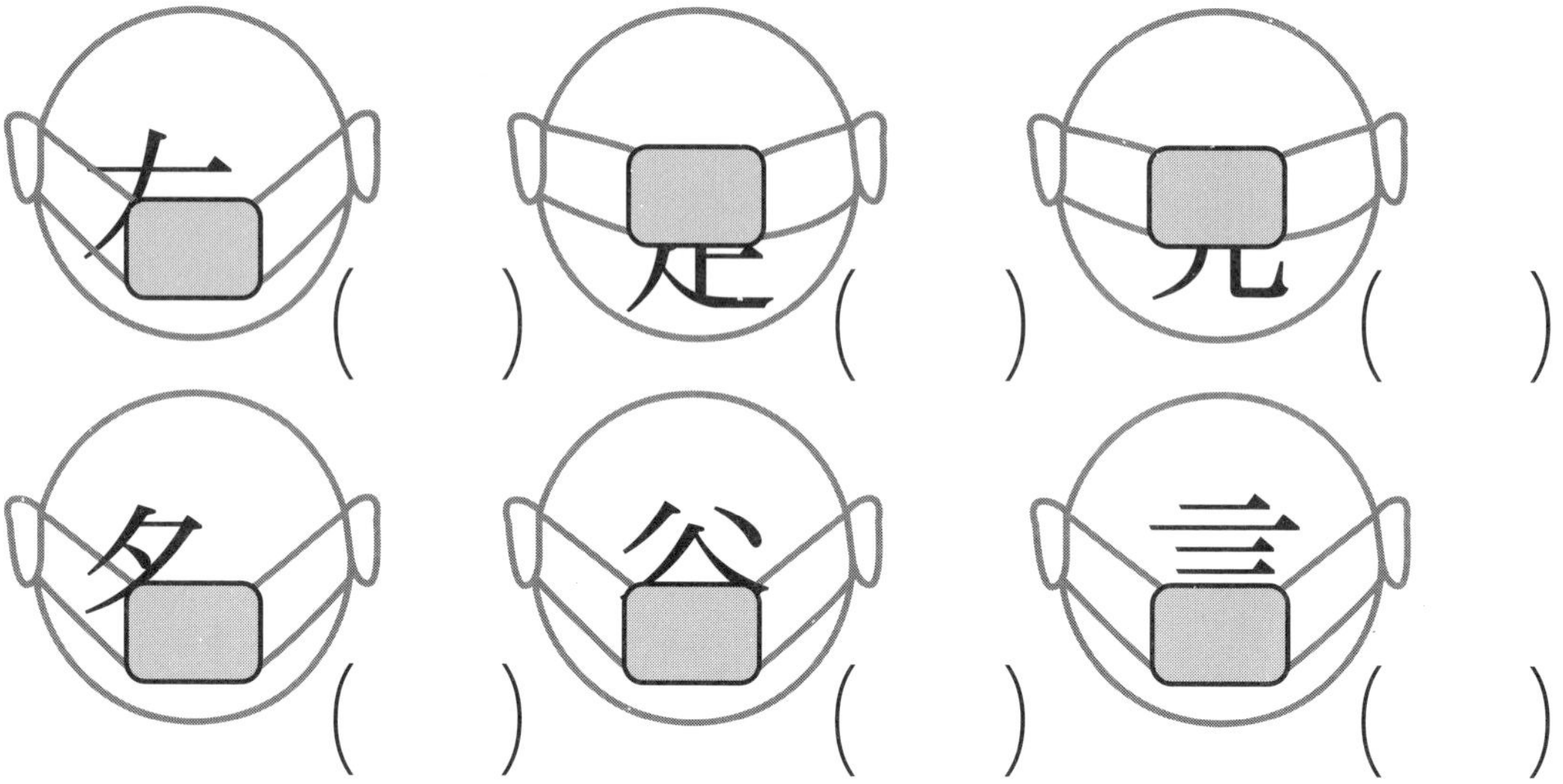

（　　）（　　）（　　）

（　　）（　　）（　　）

②かん字ががんたいをして、目をかくしているよ。目が見えたら何のかん字になるかな？　「目」を入れて考えてね。

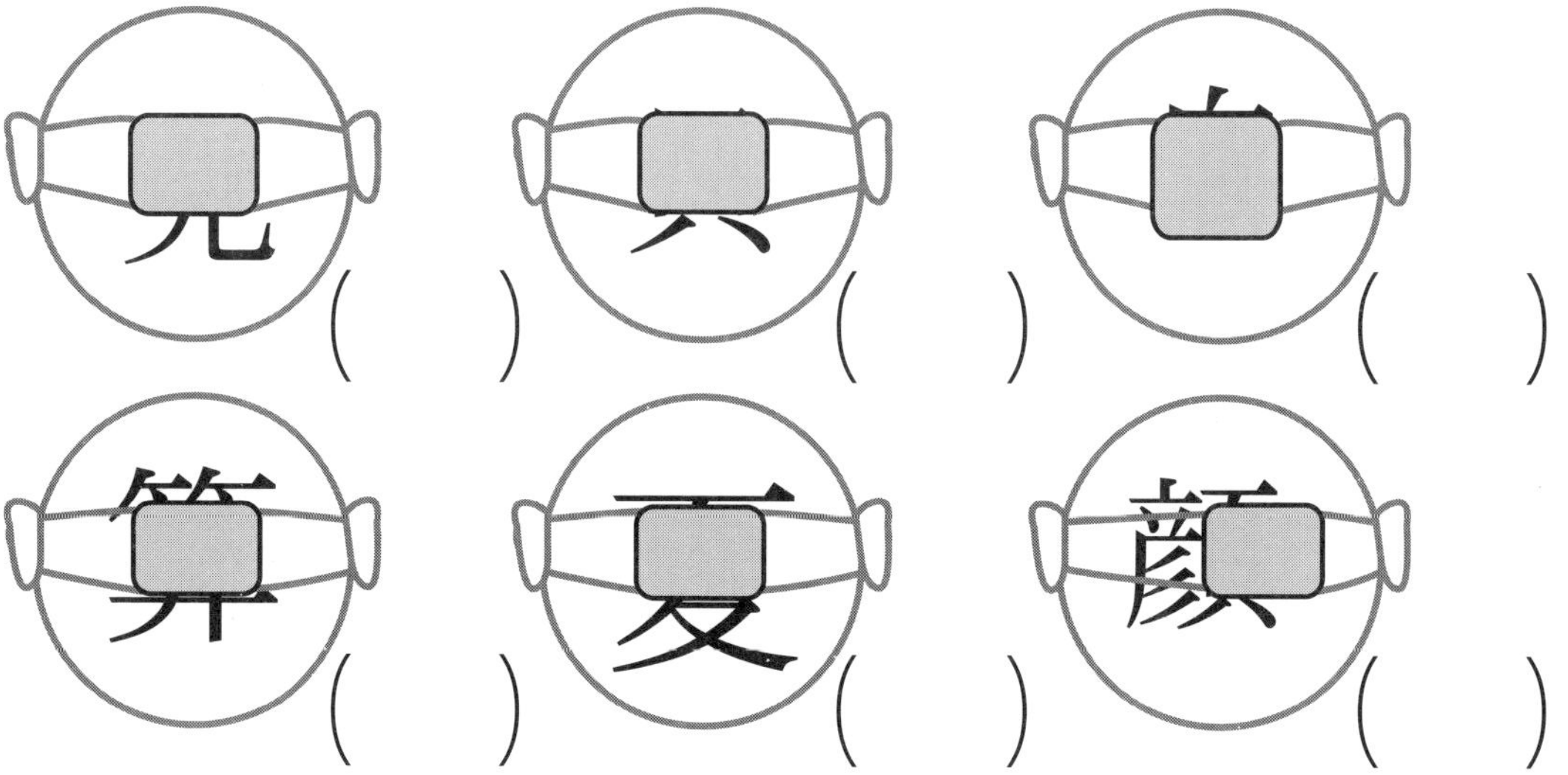

（　　）（　　）（　　）

（　　）（　　）（　　）

雲がくれ　かん字クイズ

名まえ

雲が出て、月や日をかくしてしまったよ。雲がかくしてしまったのは、「月」かな、「日」かな？　晴れたらどんなかん字になるか、（　）に書こう。

かくれかん字あてクイズ

名まえ

かん字がかくれて、ぜんぶは見えないけれど、どんなかん字かわかるよ。何のかん字かな。それぞれ（　）に書いてね。

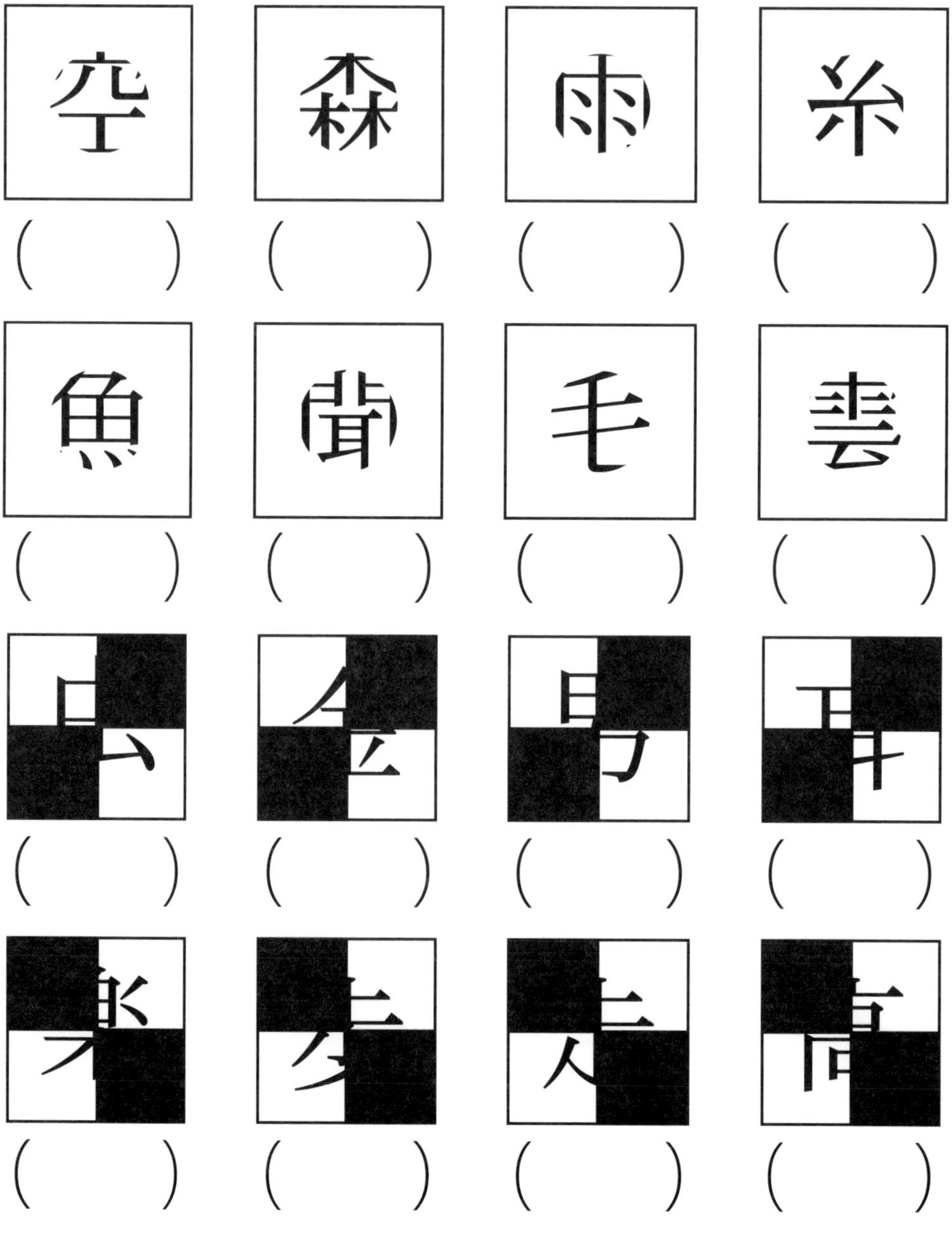

VII

漢字ロジックあそび

― 漢字を作るよろこび＝注意力 ―

かん字ロジック ―犬さがし―

名まえ	

かん字の「大」の中に「犬」がまじっているよ。「犬」の字だけをぬりつぶすと、かん字がうきあがってくる。それは何かな？

大	大	大	犬	大	大	大
大	大	大	犬	大	大	大
犬	犬	犬	犬	犬	犬	犬
大	犬	大	大	大	犬	大
大	犬	大	大	大	犬	大
大	犬	大	大	大	犬	大
大	犬	大	大	大	犬	大
犬	犬	犬	犬	犬	犬	犬

かん字ロジック —貝さがし—

名まえ

かん字の「見」の中に「貝」がまじっているよ。「貝」の字だけをぬりつぶすと、かん字がうきあがってくる。それは何かな？

見	見	見	貝	見	見	見
見	貝	貝	貝	貝	貝	見
見	見	見	貝	見	見	見
貝	貝	貝	貝	貝	貝	貝
見	見	貝	見	貝	見	見
貝	見	貝	見	貝	見	貝
貝	見	貝	見	貝	見	貝
見	見	貝	見	貝	見	見

かん字ロジック —曜日さがし—

名まえ

ならんだかん字の中から、１週間の曜日をあらわすかん字をさがしてぬりつぶすと、かん字がうきあがってくるよ。それは何かな？

本	音	天	日	夕	正	年
火	年	花	水	正	天	月
木	花	音	火	本	夕	木
月	金	日	木	土	金	火
夕	本	音	水	年	正	花
金	花	正	月	天	音	日
水	天	年	土	夕	本	土
月	土	火	木	日	金	水

ペアのかん字さがし①

名まえ

ならんだかん字の中に、2つずつ出ている字があるよ。2つある字を見つけてぬりつぶすと、かん字がうきあがってくる。それは何かな？

花	川	山	雨	虫	石	竹
山	天	町	草	男	木	田
空	文	音	林	円	王	貝
犬	貝	田	竹	花	空	川
石	車	入	土	夕	糸	雨
草	早	校	学	森	人	犬
虫	本	村	玉	女	字	林

ひとりぼっちのかん字さがし①

名まえ

ならんだかん字の中に、２つそろっていないかん字があるよ。それを見つけてぜんぶぬりつぶすと、かん字がうきあがってくる。それは何かな？

＊さいしょに、２つあるかん字を見つけて×じるしをつけておくといいよ。

上	月	先	赤	名	水	年
手	出	九	左	百	天	足
千	子	耳	土	目	休	出
十	木	足	力	正	青	中
目	大	天	下	手	休	九
百	白	十	生	千	子	耳
日	右	気	口	火	小	金

かん字ロジック —ことばさがし①—

名まえ

ならんだかん字の中から、下の□の中の15のことばをさがそう。たてか、よこに、つながっているよ。ぜんぶ見つけてぬりつぶすと、かん字がうきあがってくる。それは何かな？

石	貝	字	学	力	夕	山
天	休	日	校	森	林	早
気	名	竹	小	草	車	口
雨	町	男	川	糸	右	花
水	外	出	一	年	生	火
金	上	村	目	耳	目	虫
立	入	本	玉	文	休	三
土	足	空	中	王	子	日
赤	大	子	左	先	下	月

学校　天気　休日　目玉　土足　森林　王子　空中
花火　外出　早口　雨水　小川　三日月　一年生

かん字ロジック ―ことばさがし②―

名まえ

ならんだかん字の中から、下の□の中のことばをさがそう。たてか、よこに、つながっているよ。ぜんぶ見つけてぬりつぶすと、かん字がうきあがってくる。それは何かな？

草	花	見	学	百	円	玉
月	空	火	正	虫	天	人
水	気	小	学	校	文	音
石	一	左	田	王	学	九
目	年	赤	十	字	男	七
八	中	名	山	糸	子	目
女	子	千	人	力	雨	天
青	右	六	金	森	夕	口
車	立	白	先	赤	日	川

男子　女子　見学　草花　夕日　雨天　空気
赤十字　千人力　小学校　一年中　天文学　百円玉

ひらがなロジック ―どうぶつさがし―

名まえ	

ならんだひらがなの中(なか)から、下(した)の□の中(なか)の 15 のどうぶつの名前(なまえ)をさがそう。ぜんぶ見(み)つけてぬりつぶすと、かん字(じ)がうきあがってくるよ。それは何(なに)かな？

え	ざ	す	む	さ	ぴ	て	け	へ
は	た	ぬ	き	る	き	り	ん	に
り	を	う	ふ	え	そ	く	わ	る
い	ぬ	し	も	ぐ	ら	ま	ね	こ
ゆ	ぷ	ち	ん	よ	ゆ	せ	お	ぽ
あ	ん	い	の	し	し	う	ん	り
や	せ	ひ	ぺ	よ	な	ま	ら	も
み	じ	つ	う	さ	ぎ	ぶ	れ	い
て	ろ	じ	ほ	づ	り	た	と	や
め	う	か	ば	ら	く	だ	ぱ	な

さる　たぬき　きりん　いぬ　うし　もぐら　くま　ぶた
ねこ　いのしし　うま　うさぎ　ひつじ　かば　らくだ

ひらがなロジック —しなものさがし—

名まえ

ならんだひらがなの中から、下の□の中の 13 のしなものの名前をさがそう。ぜんぶ見つけてぬりつぶすと、かん字がうきあがってくるよ。それは何かな？

く	つ	し	た	つ	あ	の	た	す
か	は	せ	む	く	よ	う	ふ	く
さ	も	ん	や	え	に	て	と	お
は	し	た	い	す	ひ	わ	け	ま
た	そ	く	せ	た	よ	れ	い	り
た	る	き	こ	わ	の	ぬ	た	へ
み	は	さ	み	し	え	ろ	ん	け
ね	き	な	を	ら	み	ほ	す	も
え	め	ふ	ち	ん	ゆ	い	と	さ

ようふく　くつした　つくえ　せんたくき　かさ　はし
たたみ　いす　はさみ　たわし　いと　とけい　たんす

かん字ロジック　―まちがいさがし①―

名まえ

下のかん字の中から、まちがったかん字をさがそう。ぜんぶ見つけてぬりつぶすと、かん字がうきあがってくるよ。それは何かな？

月	右	多	川	車	貝	糸	五	森
火	足	金	水	字	気	先	犬	学
雨	出	山	見	校	人	小	口	左
十	竹	見	王	目	円	千	赤	二
田	手	王	八	土	男	玉	青	中
日	三	休	車	火	九	木	百	七
町	音	生	赤	青	名	年	女	大
本	文	天	立	空	子	六	入	石
早	林	夫	耳	小	花	白	四	村

かん字ロジック —休さがし—

名まえ

かん字の「体」の中に「休」がまじっているよ。「休」の字だけをぬりつぶすと、かん字がうきあがってくる。それは何かな？

体	体	体	休	体	体	体
休	休	休	休	休	休	休
体	体	体	休	体	体	体
体	休	休	休	休	休	体
体	休	体	体	体	休	体
体	休	体	体	体	休	体
体	休	休	休	休	休	体

かん字ロジック —科さがし—

名まえ

かん字の「秋」の中に「科」がまじっているよ。「科」の字だけをぬりつぶすと、かん字がうきあがってくる。それは何かな？

科	科	科	秋	科	科	科
科	秋	科	秋	科	秋	科
科	科	科	秋	科	科	科
科	秋	科	秋	科	秋	科
科	科	科	秋	科	科	科
秋	秋	秋	秋	科	秋	科
秋	秋	秋	秋	科	秋	科

かん字ロジック ―牛さがし―

名まえ

かん字の「午」の中に「牛」がまじっているよ。「牛」の字だけをぬりつぶすと、かん字がうきあがってくる。それは何かな？

牛	牛	牛	牛	牛	牛	牛
午	午	牛	午	牛	午	午
牛	牛	牛	牛	牛	牛	牛
牛	午	牛	午	牛	午	牛
牛	牛	午	午	牛	牛	牛
牛	午	午	午	午	午	牛
牛	牛	牛	牛	牛	牛	牛

ペアのかん字さがし②

名まえ

ならんだかん字の中に、２つずつ出ている字があるよ。２つある字を見つけてぬりつぶすと、かん字がうきあがってくるよ。それは何かな？

秋	細	肉	春	鳴	雪	通
会	南	紙	語	魚	店	顔
内	強	遠	体	組	万	走
夏	雲	線	数	線	雲	風
知	道	間	科	紙	妹	教
絵	春	答	体	店	夏	語
電	池	方	歩	数	黒	合
地	風	買	番	答	鳥	聞
頭	食	姉	魚	南	売	弱

ひとりぼっちのかん字さがし②

名まえ

ならんだかん字の中に、２つそろっていないかん字があるよ。それを見つけてぬりつぶすと、かん字がうきあがってくる。それは何かな？

＊さいしょに、２つあるかん字を見つけて×じるしをつけておくといいよ。

冬	心	兄	東	門	前	野
高	馬	何	朝	茶	切	親
考	直	毎	色	船	計	歌
母	岩	読	星	寺	黄	晴
夜	記	計	馬	前	里	海
形	北	毛	光	何	門	話
船	黄	切	弟	台	茶	谷
台	毎	直	原	考	寺	声
里	昼	首	西	記	高	明

きせつと方角さがし

名まえ

　ならんだかん字の中から、きせつと方角をあらわすかん字をさがしてぬりつぶすと、かん字がうきあがってくるよ。それは何かな？

東	春	北	夏	西	春	秋
冬	科	朝	冬	時	週	南
春	西	南	秋	北	東	夏
北	風	丸	春	引	社	冬
秋	東	冬	西	北	春	東
分	方	長	夏	多	書	昼
麦	西	北	秋	東	南	園
夜	半	思	南	角	図	曜
南	夏	秋	西	春	夏	北

ひらがなロジック —虫さがし—

名まえ	

ならんだひらがなの中から、下の□の中の10の虫の名前をさがそう。ぜんぶ見つけてぬりつぶすと、かん字が1字、うきあがってくるよ。それは何かな？

い	さ	た	か	み	へ	く
は	め	の	ま	な	り	ね
ら	ょ	ふ	き	あ	り	わ
け	や	じ	り	そ	ば	す
ぜ	か	ぶ	と	む	し	ゆ
つ	ば	え	ろ	べ	と	ひ
び	っ	ん	を	し	ん	て
ざ	た	ほ	た	る	ぼ	れ
こ	お	む	よ	あ	ず	の
あ	ほ	せ	る	は	う	は
ぶ	に	み	も	ち	ぬ	え

あり	せみ	とんぼ	かまきり	ほたる
あぶ	はち	ばった	かぶとむし	はえ

ひらがなロジック —鳥さがし—

名まえ	

ならんだひらがなの中から、下の▭の中の12の鳥の名前をさがそう。ぜんぶ見つけてぬりつぶすと、かん字が1字、うきあがってくるよ。それは何かな？

え	へ	ん	す	み	ね	し
つ	ば	め	ず	か	ら	す
き	す	ら	め	ち	は	そ
ろ	は	と	お	う	む	あ
む	や	わ	ぬ	れ	よ	ふ
つ	こ	う	の	と	り	か
る	て	る	も	め	に	も
に	さ	ぎ	ず	ひ	ば	り
わ	け	の	ゆ	ご	ほ	く
と	せ	を	こ	と	い	た
り	お	な	り	ま	ひ	さ

からす　かも　おうむ　すずめ　にわとり　はと
さぎ　こうのとり　もず　ひばり　つばめ　つる

かん字ロジック ―ことばさがし③―

名まえ

ならんだかん字の中から、下の□の中の 17 のことばをさがそう。ぜんぶ見つけてぬりつぶすと、かん字がうきあがってくるよ。それは何かな？

工	作	外	国	読	書	歩	行
会	答	里	秋	南	竹	買	遠
話	今	馬	車	算	数	心	足
親	長	北	魚	言	春	市	通
切	犬	色	紙	朝	食	雪	学
計	左	帰	空	黒	自	夜	牛
算	声	国	書	店	分	谷	肉

歩行　通学　会話　親切　自分　工作　色紙　算数　計算
遠足　朝食　牛肉　外国　帰国　馬車　読書　書店

かん字ロジック ―まちがいさがし②―

名まえ

ならんだかん字の中から、まちがったかん字をさがそう。ぜんぶ見つけてぬりつぶすと、かん字が１字、うきあがってくるよ。それは何かな？

雪	野	園	午	谷	直	家	道
羽	黄	社	番	市	同	西	風
流	里	食	間	姉	弱	顔	親
歩	声	広	声	晴	科	来	岩
店	夜	作	刀	台	船	原	聞
夏	語	茶	鳴	昼	角	妹	週
荅	麦	曜	紙	線	近	話	細
雲	後	走	古	父	売	国	引
電	強	半	新	歌	当	戸	万

かん字ロジック ―ごんべんさがし―

名まえ	

ならんだかん字の中から、「訁」（ごんべん）のついたかん字をさがそう。ぜんぶ見つけてぬりつぶすと、かん字が１字、うきあがってくるよ。それは何かな？

校	顔	弱	紙	語	記	話	計	読
話	読	記	校	読	顔	語	組	計
組	語	絵	弱	話	語	計	記	語
野	話	組	校	計	村	読	絵	話
読	計	語	紙	記	話	語	読	計
弱	記	校	野	顔	絵	話	顔	校
紙	読	顔	組	話	計	記	語	読
記	語	話	顔	野	村	話	紙	弱
村	弱	絵	校	読	計	語	話	記

かん字ロジック —しんにょうさがし—

名まえ

　ならんだかん字の中から、「⻌」（しんにょう）のついたかん字をさがそう。ぜんぶ見つけてぬりつぶすと、かん字がうきあがってくるよ。それは何かな？

教	走	近	数	昼	食	遠	先	光
通	週	道	近	遠	週	通	週	遠
光	親	教	先	毛	走	親	食	数
食	遠	週	道	数	近	教	道	毛
先	週	毛	通	光	通	走	通	教
教	近	道	遠	食	週	毛	遠	光
走	道	数	近	親	遠	光	近	昼
親	通	遠	週	教	週	食	週	先
昼	週	毛	道	先	親	数	道	走

答え

P. 10

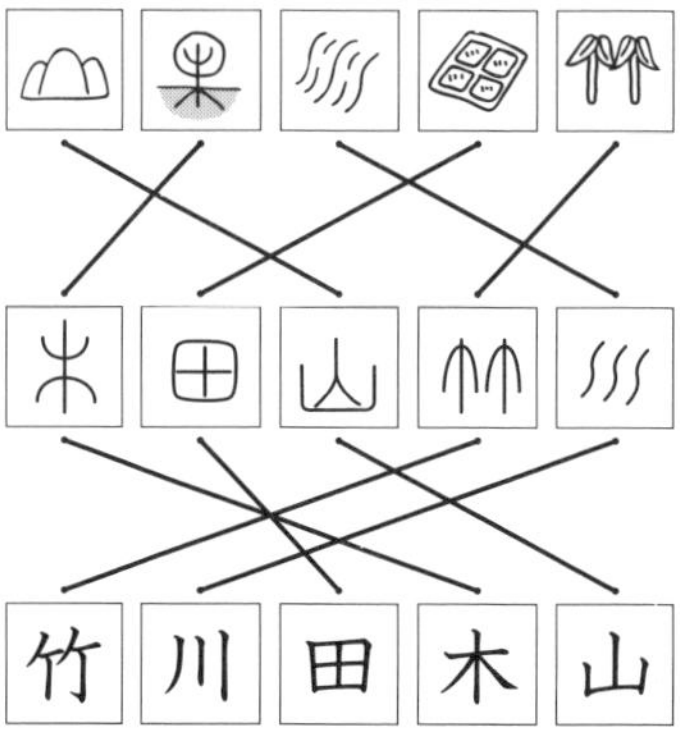

P. 11

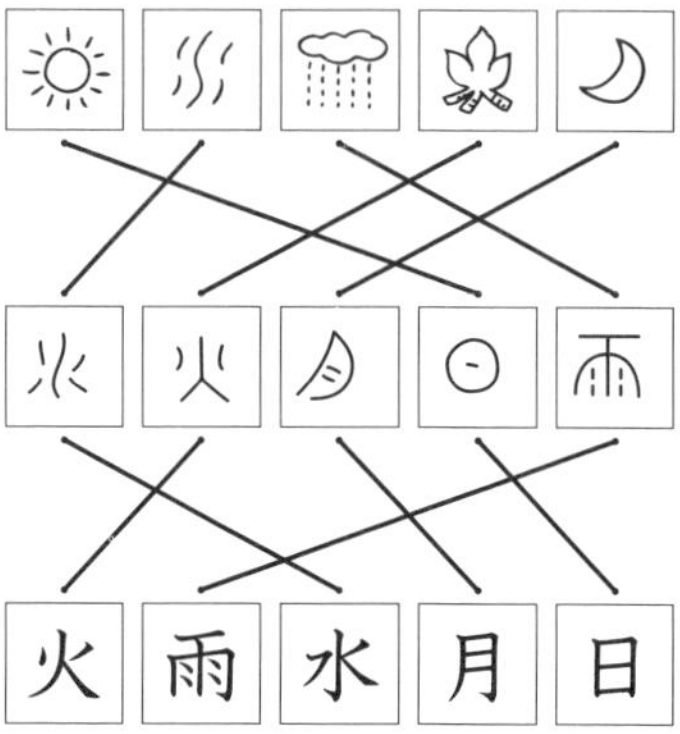

P. 12

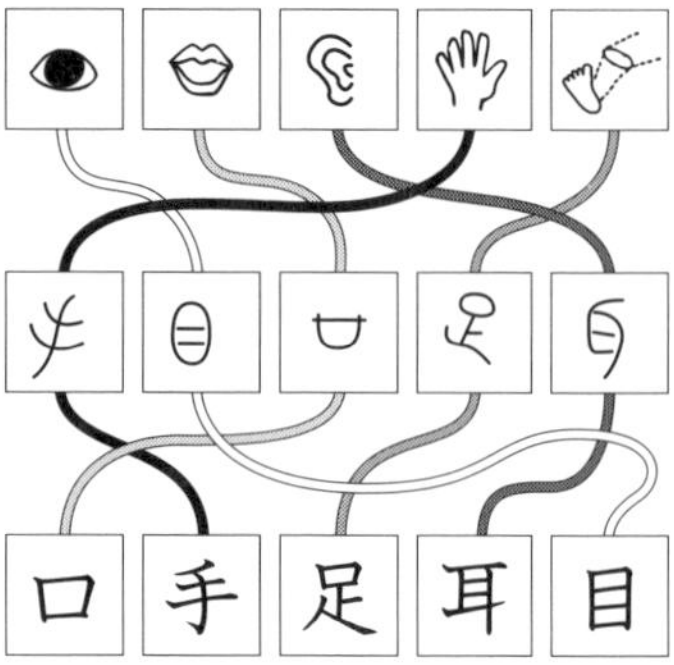

P. 13

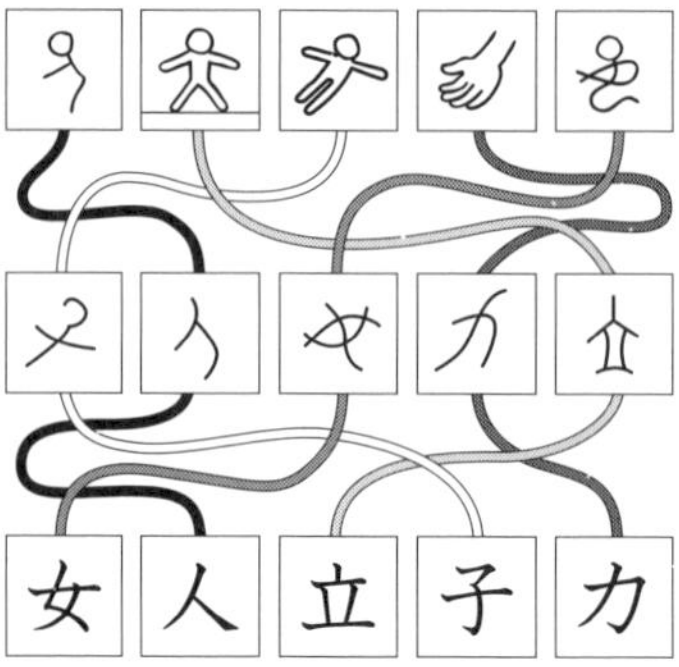

P. 14

P. 15

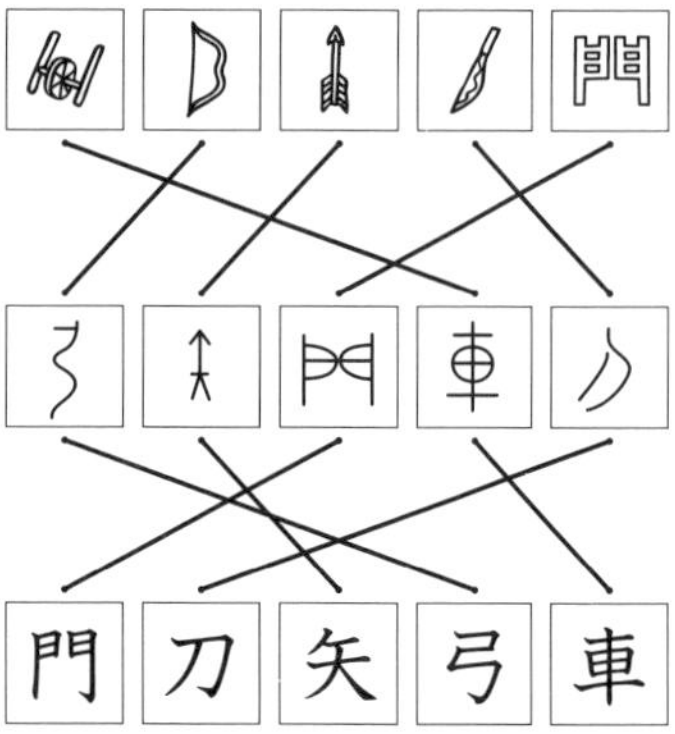

P. 16

P. 17

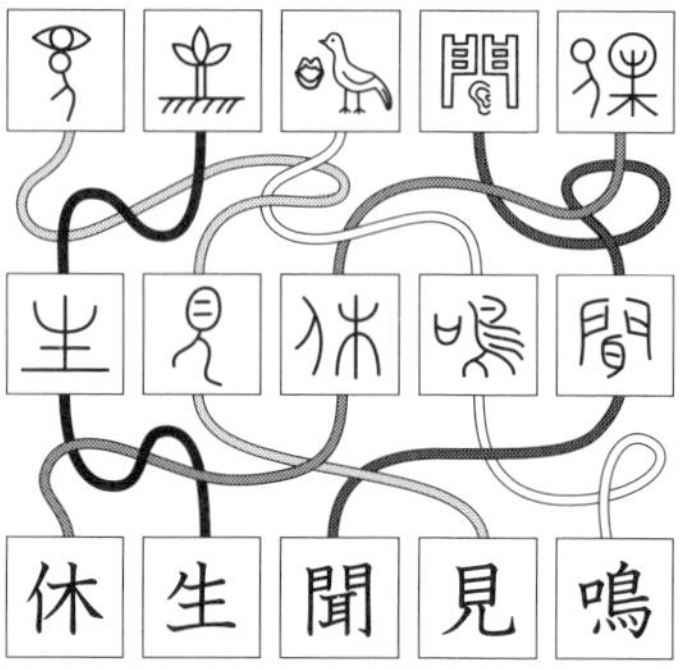

P. 18

① 月
② 玉
③ 貝
④ 口
⑤ 音
⑥ 男
⑦ 犬
⑧ ハエ
⑨ 本
⑩ 入る

P. 19

① 星
② 明るくなる
③ 答
④ 歩く
⑤ 親
⑥ 晴
⑦ 絵
⑧ 山
⑨ 止まる
⑩ 分ける

P. 20

① 雪がふった
② 太る
③ 引く
④ 国
⑤ 父
⑥ 虫
⑦ 弱い人
⑧ 刀
⑨ 朝
⑩ 土

P. 21

① 白
② 王
③ 田
④ 土
⑤ 切る
⑥ 語る
⑦ 話す
⑧ 朝

P. 22

① 林
② 音
③ 早
④ 天
⑤ 王
⑥ 正
⑦ 時
⑧ 計
⑨ 思
⑩ 岩

P. 23

① 読
② 細
③ 間
④ 肉
⑤ 姉
⑥ 校
⑦ 鳴
⑧ 終
⑨ 理
⑩ 知

P. 24

① 白
② 休
③ 社
④ 字
⑤ 自
⑥ 貝
⑦ 体
⑧ 雪
⑨ 少
⑩ 回

P. 25

① 語
② 話
③ 朝
④ 森
⑤ 親
⑥ 春
⑦ 線
⑧ 野
⑨ 強
⑩ 雲

P. 26

① 名
② 多
③ 右
④ 左
⑤ 台
⑥ 公
⑦ 外
⑧ 竹
⑨ 花
⑩ 空

P. 27

① イヒ
② ハロ（一）
③ マア
④ イロ（イロ）
さがしているから
⑤ タロ
⑥ トロ

P. 28

① 米、または木
② 玉
③「早」いほう
がいい
④「小」さい
⑤「合」っていた
⑥ 木
⑦「女」の子
⑧ 米

P. 29

① 黒
② 青
③ 白
④ 赤

P. 30

① 口
② 日
③ 木
④ 田

P. 32

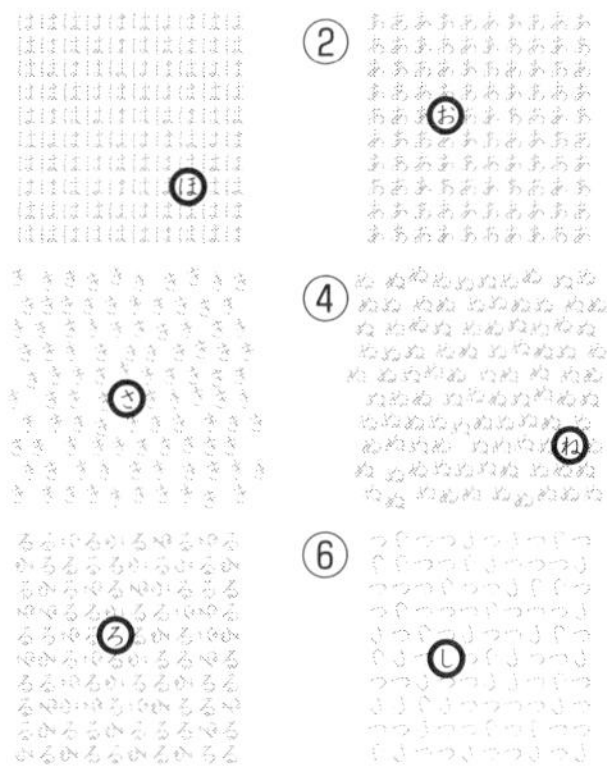

①
②
③
④
⑤
⑥

P. 33

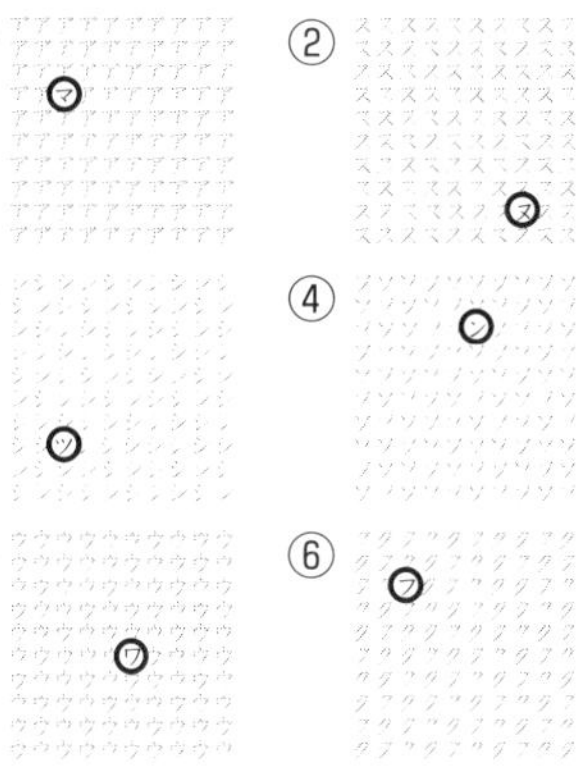

①
②
③
④
⑤
⑥

P. 34

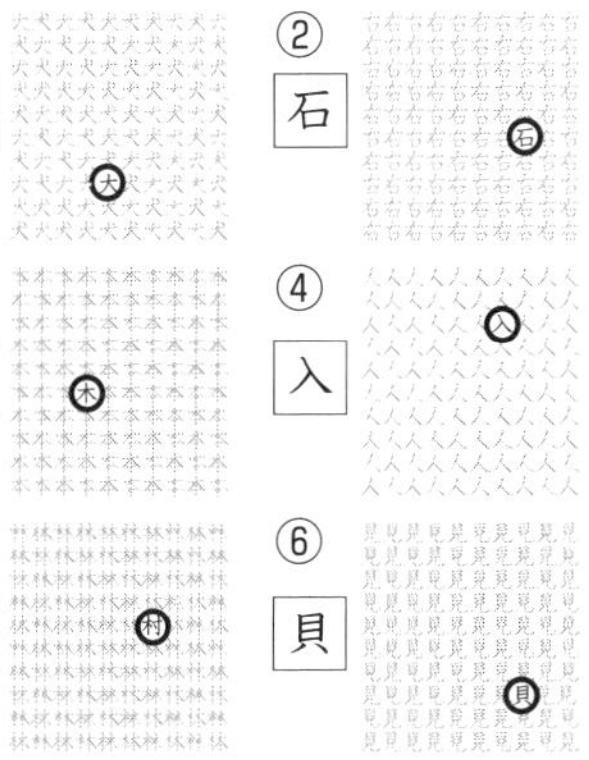

① 大
② 石
③ 木
④ 入
⑤ 村
⑥ 貝

P. 35

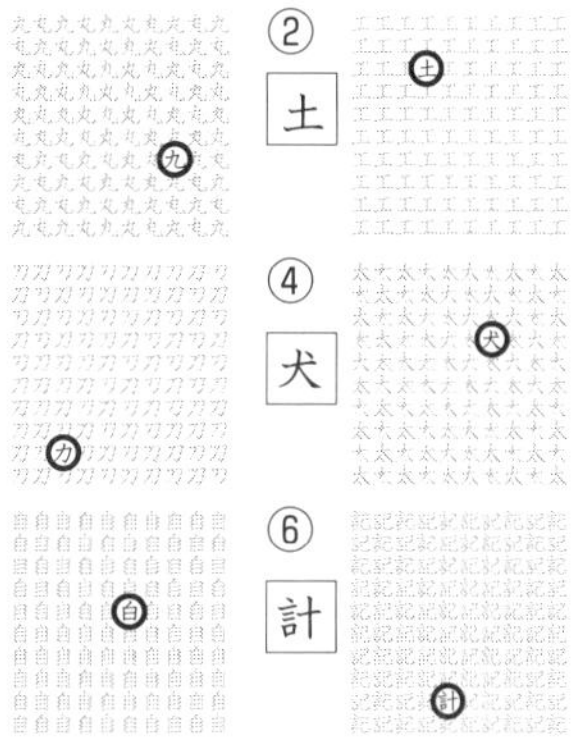

① 九
② 土
③ カ
④ 犬
⑤ 白
⑥ 計

P. 36

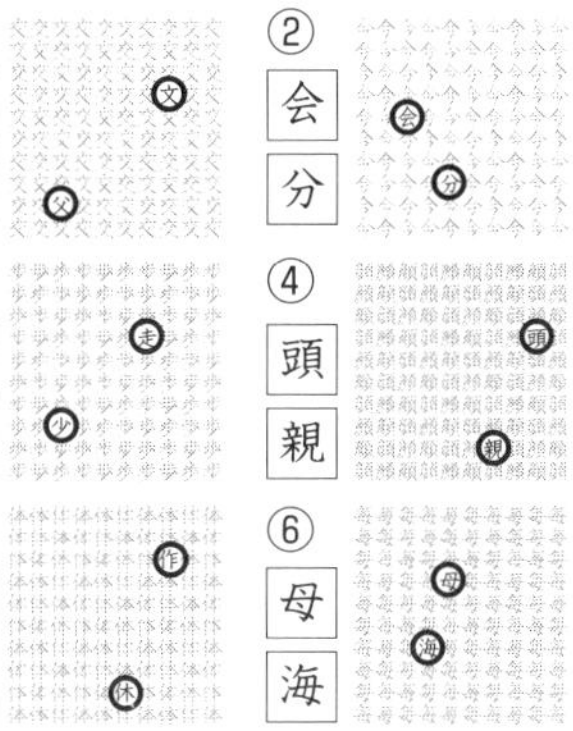

① 文 父
② 会 分
③ 走 少
④ 頭 親
⑤ 作 休
⑥ 母 海

P. 37

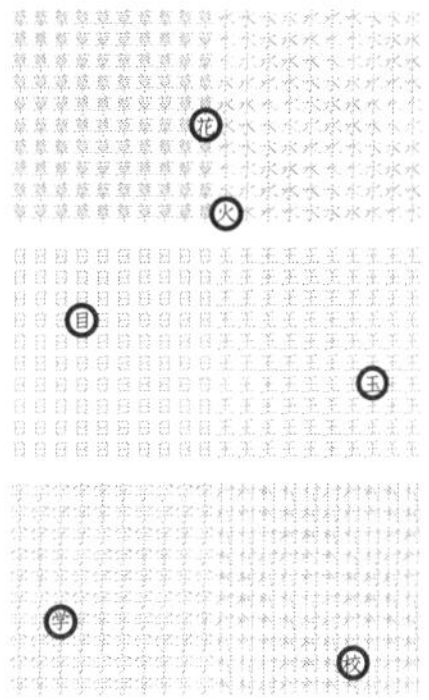

① 花 火
② 目 玉
③ 学 校

P. 38

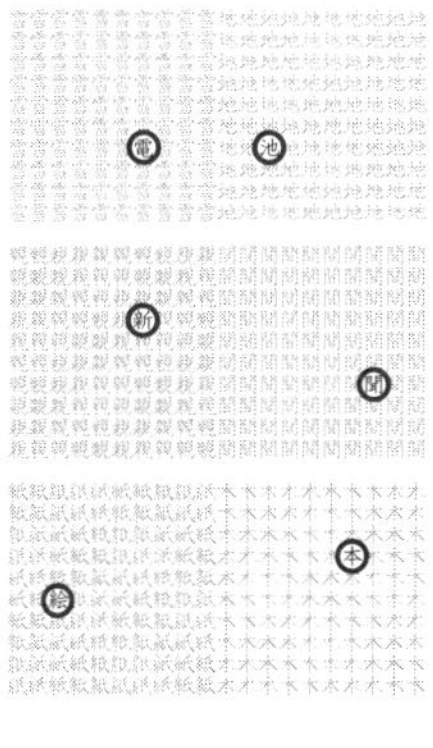

① 電 池
② 新 聞
③ 絵 本

P. 39

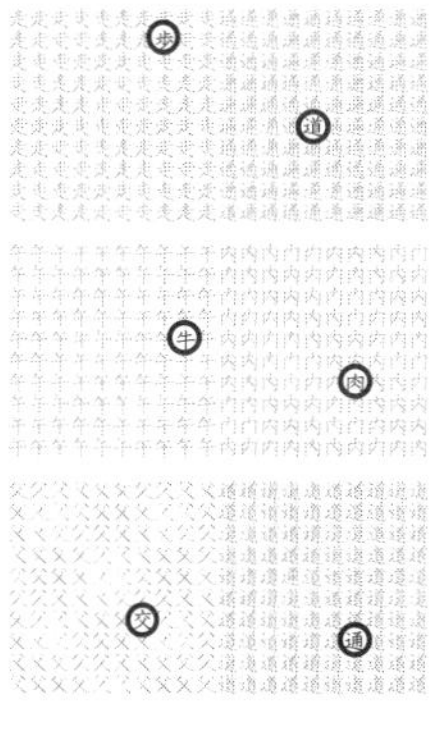

① 歩 道
② 牛 肉
③ 交 通

P. 40

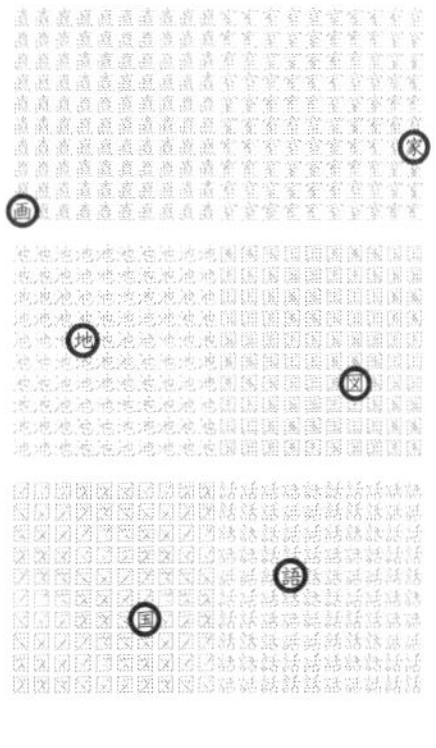

① 画 家
② 地 図
③ 国 語

P. 41

① 

教	室

② 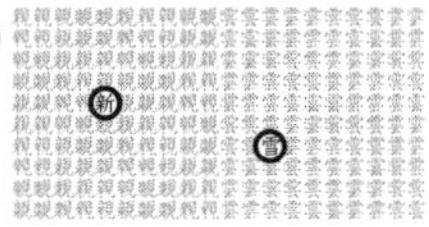

新	雪

③ 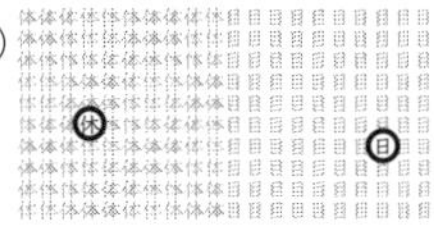

休	日

P. 42

① 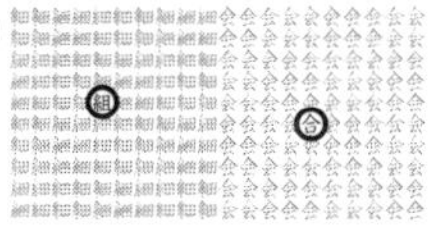

組	合

② 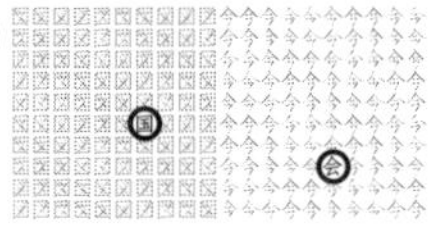

国	会

③ 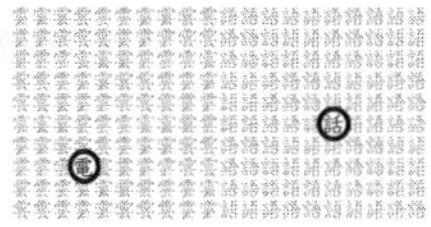

電	話

P. 44

①

	た	
す	い	か
	こ	

②

	ひ	
き	つ	ね
	じ	

③

	お	
つ	ば	め
	け	

④

	し	
か	っ	ぱ
	ぽ	

⑤

	ね	
す	ず	め
	み	

⑥

	う	
は	さ	み
	ぎ	

P. 45

①

い	え
か	き

②

は	な
り	す

③

か	お
い	と

④

は	し
は	た

⑤

に	わ
く	に

⑥

ふ	ね
く	ぎ

P. 46

①

か	■	■
か	ば	■
か	ば	ん

②

み	■	■
み	み	■
み	み	ず

③

は	■	■
は	か	■
は	か	り

④

た	■	■
た	い	■
た	い	こ

⑤

■	■	め
■	か	め
わ	か	め

⑥

■	■	け
■	た	け
は	た	け

P. 47

答えの例

小さな生きもの

					か
				か	み
			か	た	き
		か	ま	つ	り
	か	え	き	む	む
か	に	る	り	り	し

みぢかなもの

					お
				せ	こ
			そ	ん	の
		ほ	う	た	み
	つ	う	じ	く	や
き	き	き	き	き	き

P. 48

①

つ	く	え
く	す	り
し	っ	ぽ

②

こ	お	り
た	た	み
つ	ら	ら

③

は	さ	み
ま	く	ら
か	ら	す

④

お	は	か
わ	な	げ
ゆ	び	わ

⑤

ほ	う	き
け	む	り
み	か	ん

⑥

や	さ	い
あ	ひ	る
め	だ	か

P. 49

①

い	た	ま	だ	な
ぬ	い	ぐ	る	み
	こ	ろ	ま	

②

さ	つ	ま	い	も
ぼ	ば	つ	ち	み
て	め	た	ょ	じ
ん		け	う	

③

た	の	あ	こ	お
こ	り	さ	う	し
あ	ま	が	え	る
げ	き	お	ん	こ

④

な	か	だ	ゆ	ふ
め	ぼ	い	う	う
く	ち	こ	や	せ
じ	ゃ	ん	け	ん

P. 50

①	か	い	す	い	よ	く
②	か	み	な	り	ぐ	も
③	て	ん	き	よ	ほ	う
④	む	し	と	り	あ	み
⑤	く	わ	が	た	む	し
⑥	と	う	も	ろ	こ	し

P. 51

①	サ	ン	ド	イ	ッ	チ
②	レ	イ	ン	コ	ー	ト
③	マ	イ	ク	ロ	ホ	ン
④	コ	ン	ク	リ	ー	ト
⑤	ク	リ	ー	ニ	ン	グ
⑥	ホ	ッ	ト	ド	ッ	グ

P. 52

くも

きりん

かもしか

なみ

答え

なし　くり　もも　かき　みかん

P. 53

			げ		
あ	か	と	ん	ぼ	
			ご		け
	だ		ろ		む
て	ん	と	う	む	し
	ご			し	
	む			か	
	し			ご	

P. 54

め	だ	か			か	
		し	ょ	う	ぶ	
		わ			と	
こ	ど	も	の	ひ		ふ
い		ち				き
の				ち		な
ぼ				ま	ん	が
り	ょ	か	っ	き		し

P. 55

あ	め	あ	が	り			か	
		ま			あ	じ	さ	い
は	み	が	き		め			
		え			ん		み	
	て	る	て	る	ぼ	う	ず	
	ん						た	
	き						ま	
	よ		か	た	つ	む	り	
	ほ					し		
	う		に	ゅ	う	ば	い	

P. 56

た	い	よ	う
ま	え	■	ん
ね	■	た	て
ぎ	ん	な	ん

P. 57

お	し	る	こ
み	み	■	う
こ	■	こ	え
し	ん	ぶ	ん

P. 58

も	も	た	ろ	う
■	や	ね	■	し
ほ	し	■	ふ	ろ
う	■	ふ	く	■
き	ん	た	ろ	う

P. 59

パ	ト	ラ	イ	ネ
ン	ク	イ	ル	ズ
ダ	オ	オ	カ	ミ
キ	リ	ン	ラ	ミ
ア	サ	リ	ス	ズ

P. 60

だ	ん	ご	の	も	ち
お	に	ぎ	り	も	ひ
か	み	つ	ま	め	な
す	き	や	き	し	あ
て	い	て	ん	ぷ	ら
ら	っ	か	せ	い	れ

P. 61

か	れ	い	あ	じ	に
つ	と	い	わ	し	ま
お	さ	び	ん	ふ	ぐ
た	め	か	う	さ	ろ
ら	さ	ば	ん	お	え
ご	け	ま	す	た	い

P. 62 出てきた虫：みつばち

あ	げ	は	ほ	く	お	あ
ぶ	み	た	わ	に	か	り
は	る	が	や	は	み	み
え	た	ん	ち	ち	き	ず
か	ま	き	り	ぎ	り	す
つ	む	い	な	ご	む	ま
は	し	ひ	ぐ	ら	し	し

P. 64 ウサギ

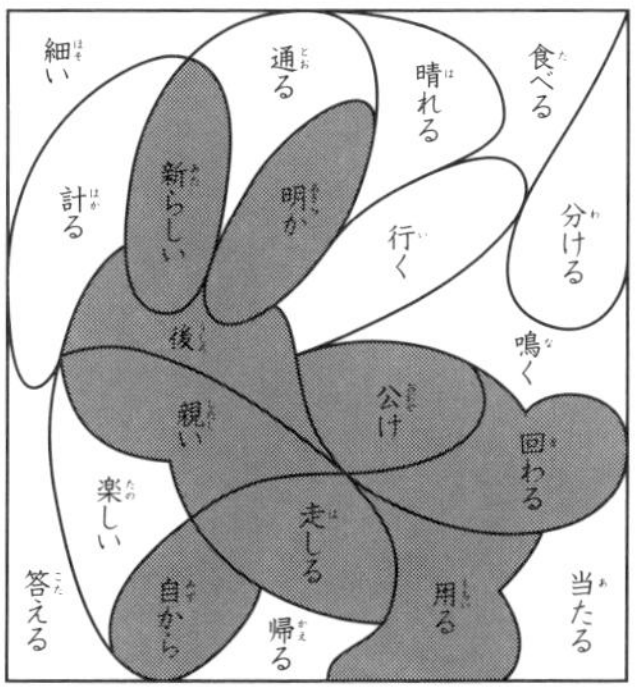

P. 65 チューリップ

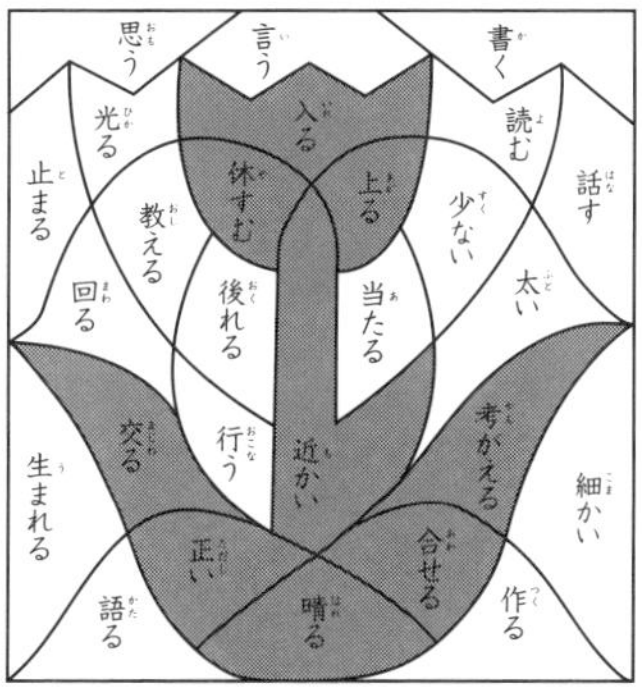

P. 66

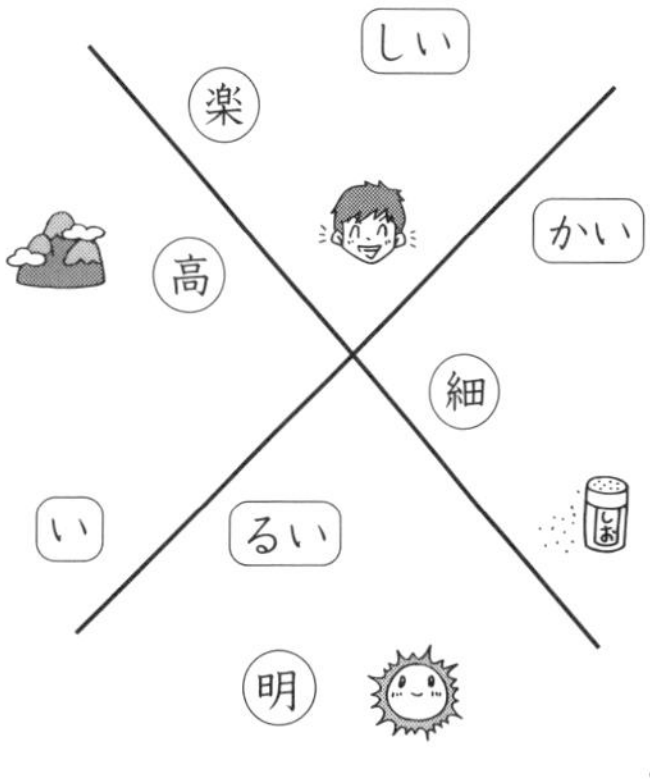

P. 67

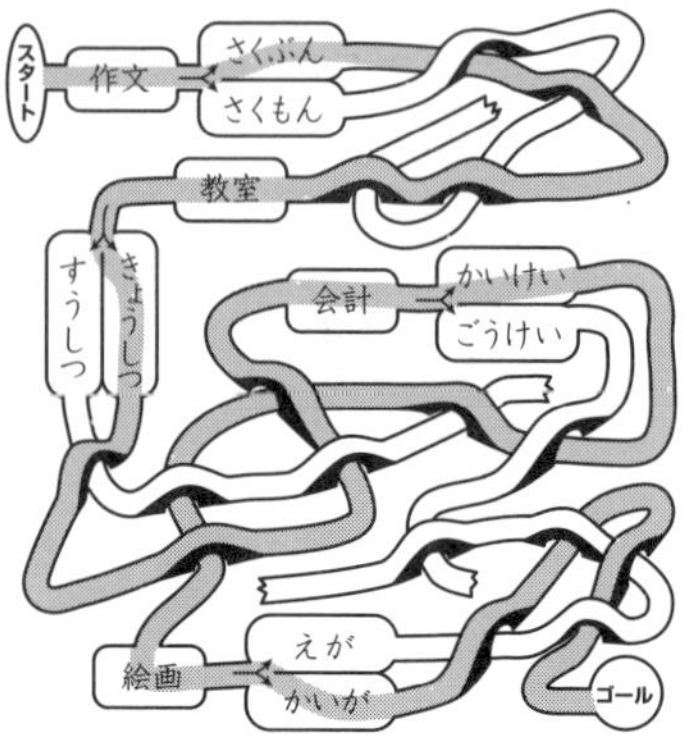

P. 68

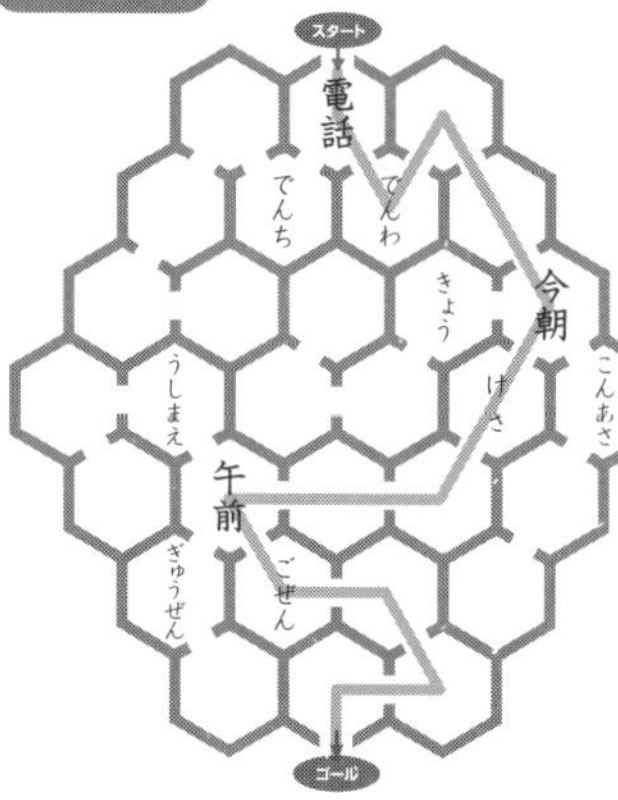

P. 69 コアラ

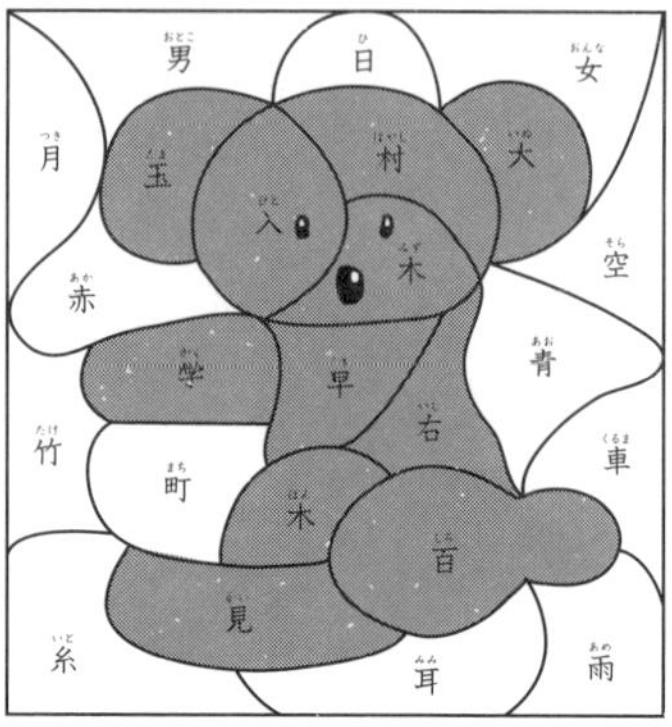

P. 70 オットセイ

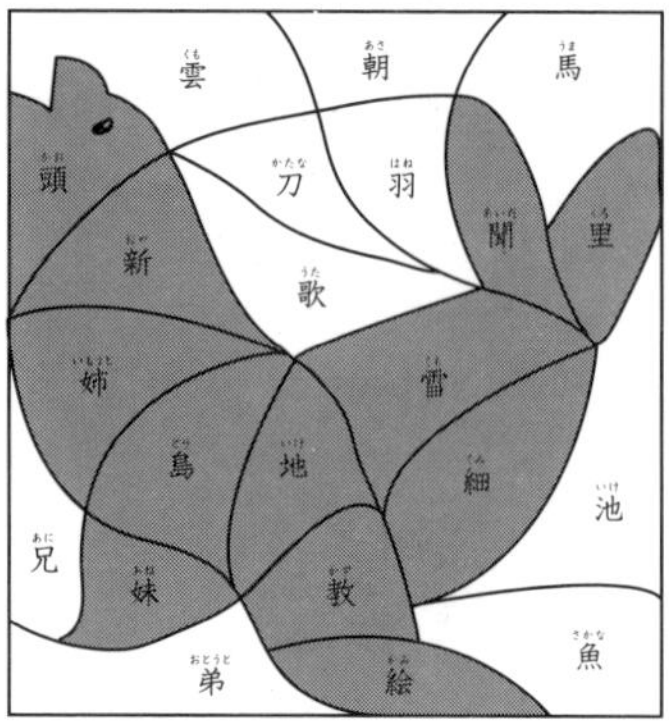

P. 71

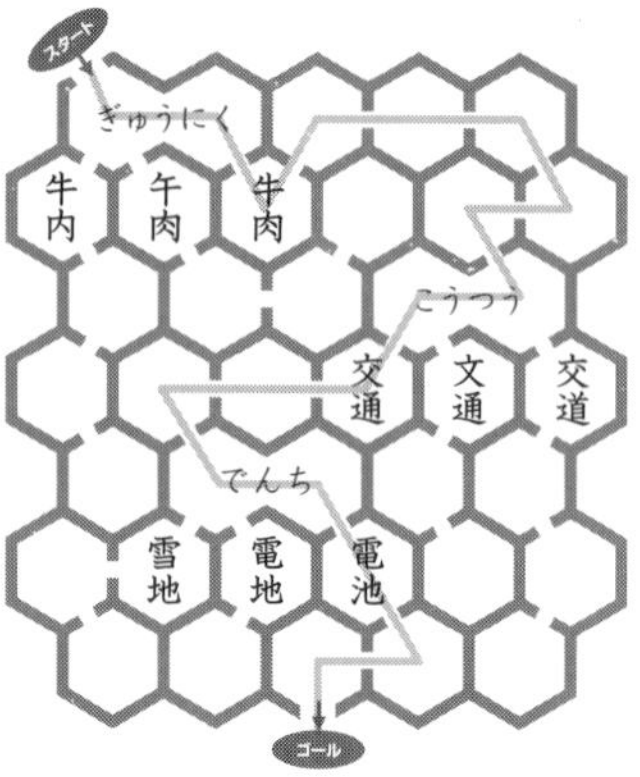

P. 72

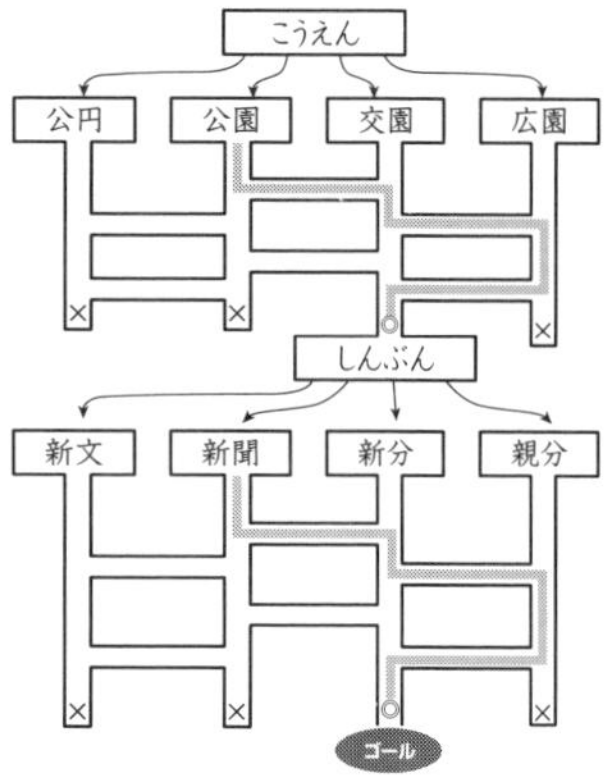

P. 73

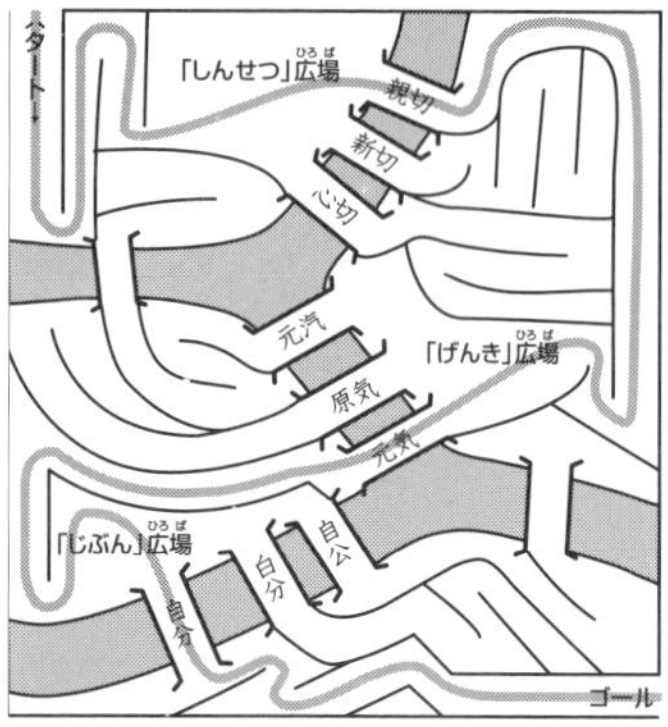

P. 74 ②

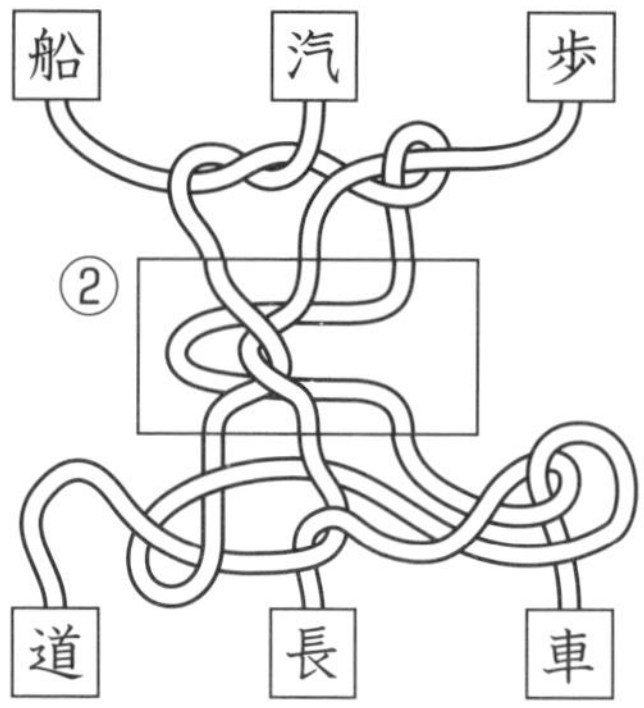

P. 75

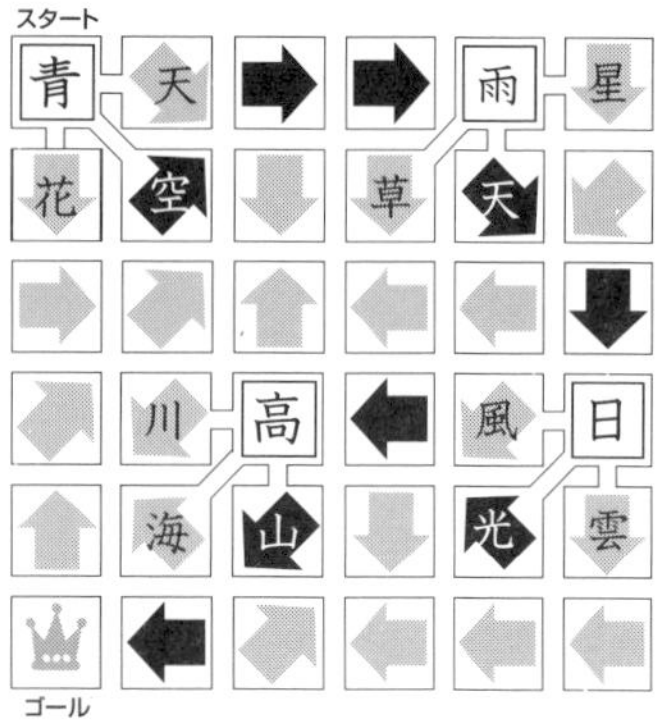

P. 76

P. 77 さいのかぎ

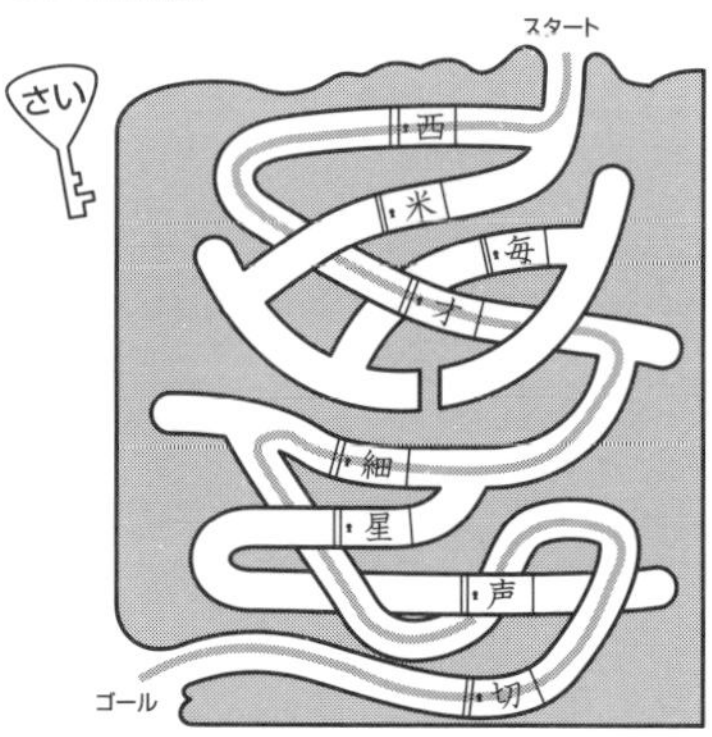

P. 78

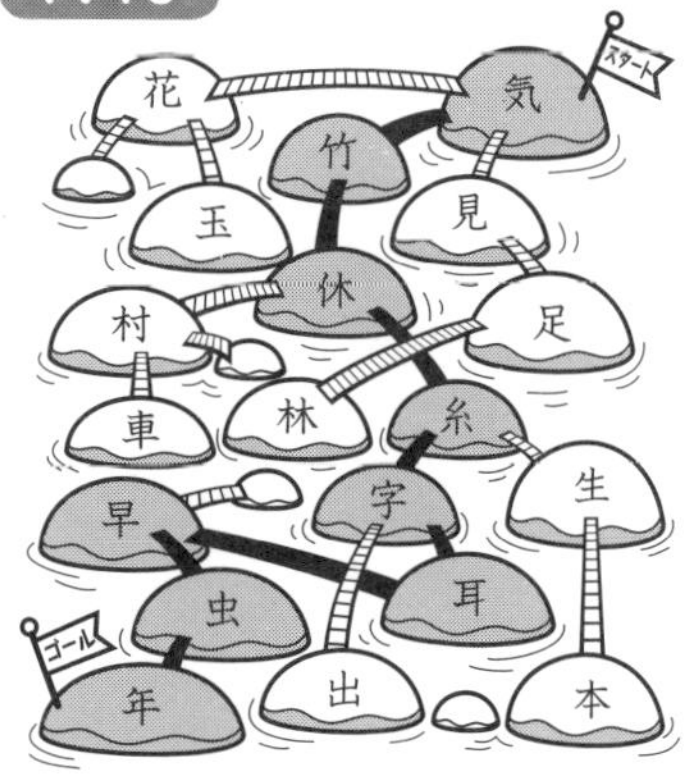

P. 79 ゴールは③

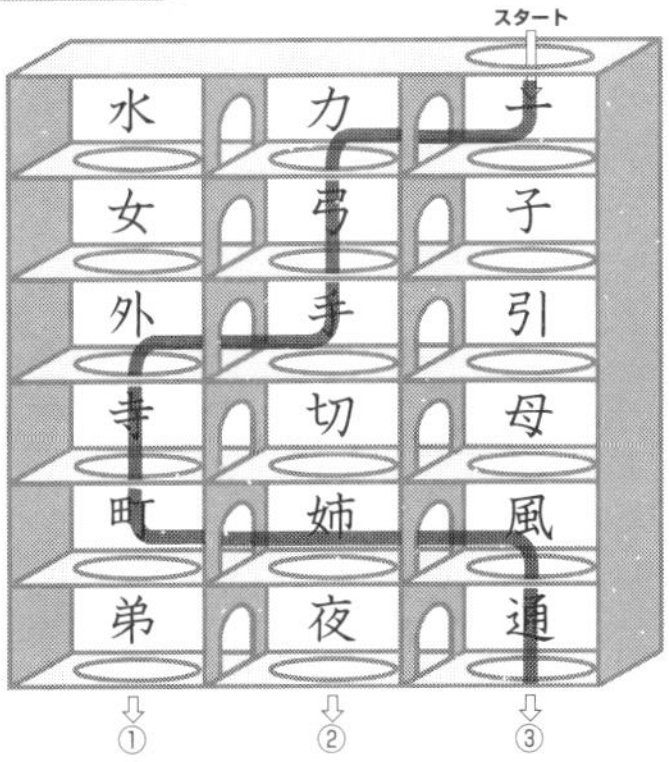

P. 80 牛

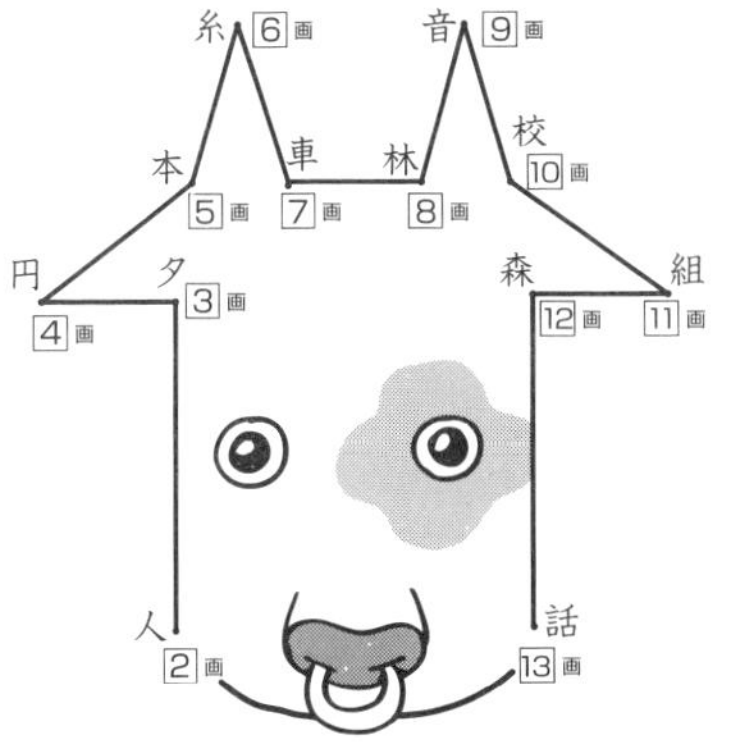

P. 81 おどるすがた

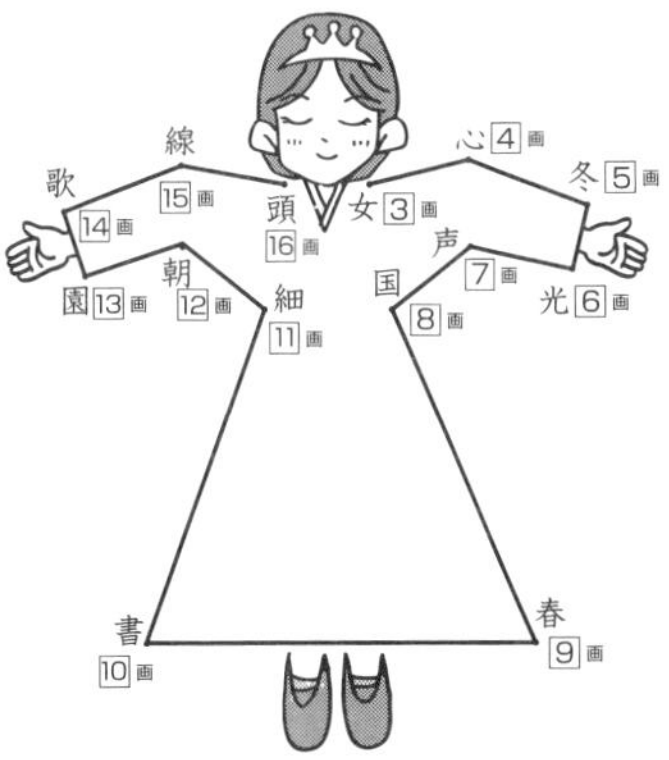

P. 82

できあがるかん字

① 買　② 交

できる形

三角形

①にはⓘを、②にはⓤを
当てはめる。

P. 83

P. 84

①

②

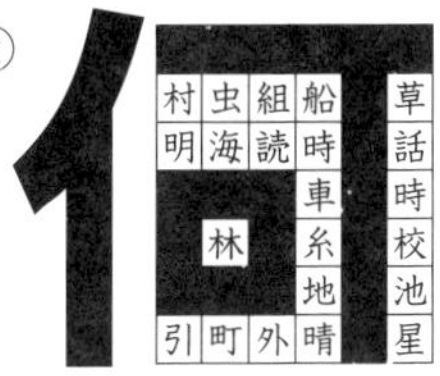

P. 86

① ことり、こけし
② ひとり
③ はなし(話)、はがぬける
④ てがみ
⑤ はがき
⑥ すがた
⑦ けぬき、けがない
⑧ えがお
⑨ ながい(長い)
⑩ にがい

P. 87

① さがした(下)
② めがね
③ ひがし
④ いしがき
⑤ あさがお
⑥ メガホン
⑦ いえなき子
⑧ はみがき

P. 88

① く（九）
② ひふ(皮膚)
③ に（荷)、
なに(何)がある
④ と(戸)
⑤ う(鵜)
⑥ か(蚊)
⑦ け(毛)
⑧ メモ

P. 89

① い(胃)　② て(手)
③ け(毛)、め(目)、は(歯)
④ か(蚊)、が(蛾)
⑤ え(絵)
⑥ き(木)、ね(根)、は(葉)、
み(実)、め(芽)
⑦ ち(血)、へ(屁)
⑧ と(戸)　⑨ ゆ(湯)
⑩ す(酢)

P. 90

① ざる
② かぎ
③ ふぐ
④ ダイヤ
⑤ かじ
⑥ ガラス
⑦ あじ
⑧ あざ
⑨ くじ
⑩ ぶた、ふだ
⑪ でんき
⑫ にじ
⑬ いが
⑭ ダンス
⑮ ビル
⑯ すいどう
⑰ バス
⑱ ごま
⑲ ぼん（盆）
⑳ バラ

P. 91

① めでたい
② ひたい(額)
③ つめたい
④ がんたい
⑤ がったい
⑥ いたい
⑦ くすぐったい
⑧ ほうたい
⑨ おもたい
⑩ ひらたい（ひらべったい）

P. 92

① ちりとり
② ひとり
③ しりとり
④ うっとり
⑤ みどり
⑥ あやとり
⑦ かきとり
⑧ ぼんおどり

P. 93

① とら
② りす
③ いか
④ ぞう
⑤ うし
⑥ かば
⑦ さい
⑧ くま
⑨ とかげ
⑩ うま

P. 94

① となかい
② しんぞう
③ くちびる
④ うぐいす
⑤ いわし
⑥ わかめ
⑦ はかば
⑧ たわし
⑨ まゆげ
⑩ ペリカン

P. 95

① ふくろ
② 夏と冬
③ ねずみ
④ もち
⑤ にわとり
⑥ ひじ、ひざ
⑦ くるぶし
⑧ ハンバーグ

P. 96

㋓ ねこ

P. 97

① (㋓とんび) が (㋑たか) を生む。
② (㋐かえる) の子は (㋐かえる)。
③ (㋔へび) ににらまれた (㋐かえる)。
④ ふくろの (㋒ねずみ)。
⑤ (㋓とんび) にあぶらげをさらわれる。

P. 98

① ㋔足
② ㋒はら
③ ㋑手
④ ㋓ほね
⑤ ㋐首

P. 99

① ㋓口
② ㋐目
③ ㋒はな
④ ㋔は
⑤ ㋑耳

P.100

① きらきら
② ざらざら
③ ひらひら
④ いらいら
⑤ さらさら
⑥ ぐらぐら
⑦ ゆらゆら
⑧ ふらふら

〈どうぶつの名前〉
かば（からから・ばらばら）

P.101

① ぷるぷる
② ぬるぬる
③ ずるずる
④ ぐるぐる
⑤ つるつる
⑥ するする
⑦ みるみる
⑧ ぶるぶる

〈どうぶつの名前〉
くま（くるくる・まるまる）

P.102

① かい（貝）
② いるか
③ さくら
④ わに
⑤ みせ（店）
⑥ かし
⑦ いか
⑧ わし
⑨ くつ
⑩ くろ（黒）

P.103

① やいた
② き（木）
③ ぞう
④ さかな（魚）
⑤ ばね
⑥ どこ
⑦ いし（石）
⑧ いけ（池）
⑨ うた（歌）
⑩ かうよ（買うよ）

P.104

① きって（切手）
② かさ
③ かぶ
④ かえる
⑤ にじ

P.105

① ごみ
② まど
③ てんじょう
④ はなぢ
⑤ きりん

P.106

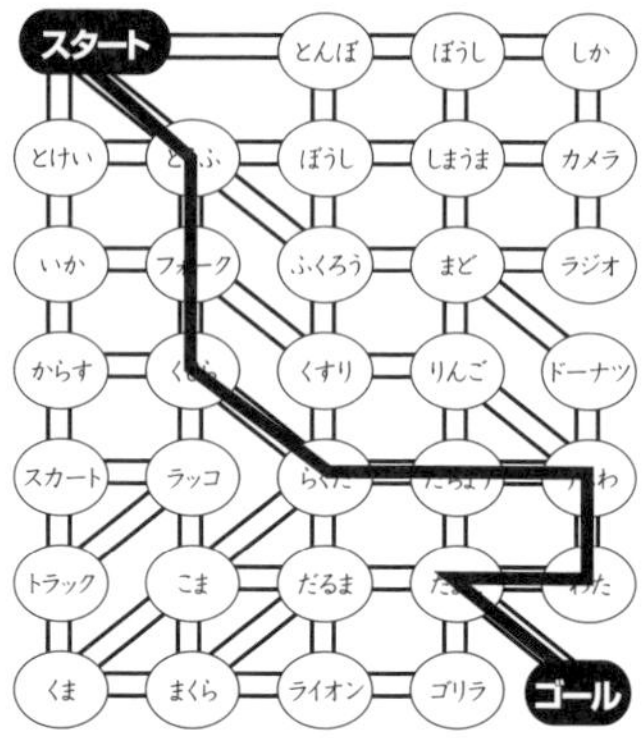

P.107

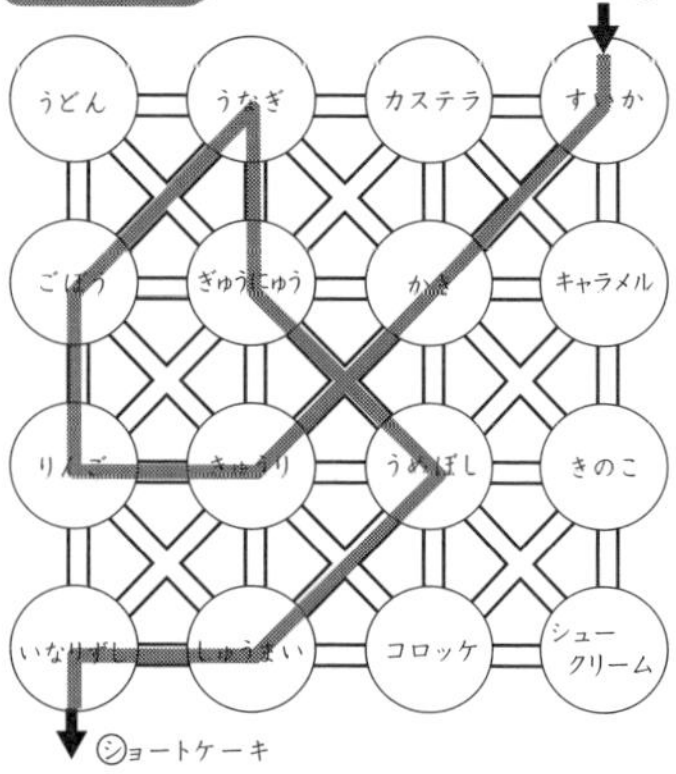

P.108

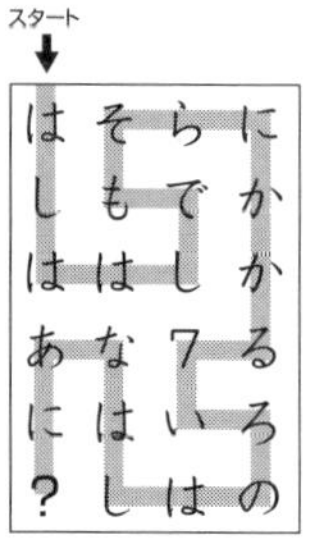

はしははしでも
そらにかかる7いろの
はしはなあに?

に	じ

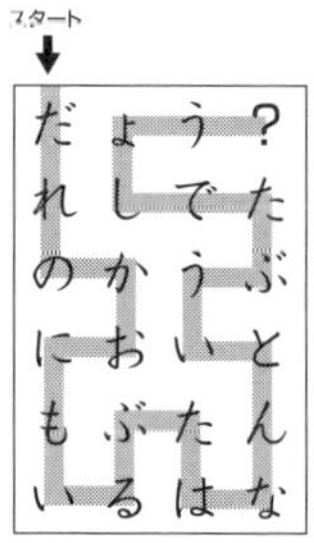

だれのかおにもいる
ぶたはなんという
ぶたでしょう?

ま	ぶ	た

P.110

金	青	早	雨
車	草	文	田
貝	木	王	音
出	本	空	森

P.111

西　父　交　内
画　東　買　首
谷　算　雲　夏
楽　合　星　間

P.112

春　南　黄　言
肉　米　来　太
高　答　同　室
半　回　市　茶

P.113

空　男　花
村　校　字
音　草　休
森　町　青

P.114

顔　線　場　星
帰　作　行　理
合　楽　思　秋
台　頭　寺　社

P.115

時　岩　読　声
親　地　歌　数
夜　毎　北　晴
野　何　話　姉

P.116

知　形　妹　曜
戸　室　語　前
売　強　外　船
切　同　紙　教

P.117

用　組
買　頭

P.118

自　数
細　語

P.119

切　買
計　語
元　交
昼　分

P.120　①⑤⑥⑨⑩

①谷村　②朝山　③林
④岩元　⑤晴田　⑥遠山　⑦鳴海
⑧川上　⑨前野　⑩原田

P.121　8つ

少女	父母	岩石	元気
竹林	少年	正月	交通
野原	大地	読書	親友

P.122

①右　足　兄
名　谷　言

②見　貝　自
算　夏　顔

P.123

青　音　草
明　場　晴
星　昼　朝
早　前　春

P.124

空　森　雨　糸
魚　聞　毛　雲
虫　金　男　耳
楽　歩　走　高

P.126

大	大	大	犬	大	大	大
大	大	大	犬	大	大	大
犬	犬	犬	犬	犬	犬	犬
大	犬	大	大	大	犬	大
大	犬	大	大	大	犬	大
大	犬	大	大	大	犬	大
大	犬	大	大	大	犬	大
犬	犬	犬	犬	犬	犬	犬

P.127

見	見	見	貝	見	見	見
見	貝	貝	貝	貝	貝	見
見	見	見	貝	見	見	見
貝	貝	貝	貝	貝	貝	貝
見	見	貝	見	貝	見	見
貝	見	貝	見	貝	見	貝
貝	見	貝	見	貝	見	貝
見	見	貝	見	貝	見	見

P.128

本	音	天	日	夕	正	年
火	年	花	水	正	天	月
木	花	音	火	本	夕	木
月	金	日	木	土	金	火
夕	本	音	水	年	正	花
金	花	正	月	天	音	日
水	天	年	土	夕	本	土
月	土	火	木	日	金	水

P.129

花	川	山	雨	虫	石	竹
山	天	町	草	男	木	田
空	文	音	林	円	王	貝
犬	貝	田	竹	花	空	川
石	車	入	土	夕	糸	雨
草	早	校	学	森	人	犬
虫	本	村	玉	女	字	林

P.130

上	月	先	赤	名	水	年
手	出	九	左	百	天	足
千	子	耳	土	目	休	出
十	木	足	力	正	青	中
目	大	天	下	手	休	九
百	白	十	生	千	子	耳
日	右	気	口	火	小	金

P.131

石	貝	字	学	力	夕	山
天	休	日	校	森	林	早
気	名	竹	小	草	車	口
雨	町	男	川	糸	右	花
水	外	出	一	年	生	火
金	上	村	目	耳	目	虫
立	入	本	玉	文	休	三
土	足	空	中	王	子	日
赤	大	子	左	先	下	月

P.132

草	花	見	学	百	円	玉
月	空	火	正	虫	天	人
水	気	小	学	校	文	音
石	一	左	田	王	学	九
目	年	赤	十	字	男	七
八	中	名	山	糸	子	目
女	子	千	人	力	雨	天
青	右	六	金	森	夕	口
車	立	白	先	赤	日	川

P.133

え	ざ	す	む	さ	ぴ	て	け	へ
は	た	ぬ	き	る	き	り	ん	に
り	を	う	ふ	え	そ	く	わ	る
い	ぬ	し	も	ぐ	ら	ま	ね	こ
ゆ	ぷ	ち	ん	よ	ゆ	せ	お	ぽ
あ	ん	い	の	し	し	う	ん	り
や	せ	ひ	ぺ	よ	な	ま	ら	も
み	じ	つ	う	さ	ぎ	ぶ	れ	い
て	ろ	じ	ほ	づ	り	た	と	や
め	う	か	ば	ら	く	だ	ぱ	な

P.134

く	つ	し	た	つ	あ	の	た	す
か	は	せ	む	く	よ	う	ふ	く
さ	も	ん	や	え	に	て	と	お
は	し	た	い	す	ひ	わ	け	ま
た	そ	く	せ	た	よ	れ	い	り
た	る	き	こ	わ	の	ぬ	た	へ
み	は	さ	み	し	え	ろ	ん	け
ね	き	な	を	ら	み	ほ	す	も
え	め	ふ	ち	ん	ゆ	い	と	さ

P.135

月	右	多	川	卓	貝	糸	五	森
火	足	金	水	字	気	先	大	学
雨	出	山	見	校	人	小	口	左
十	竹	見	王	目	円	午	赤	二
田	手	主	八	土	男	玉	青	中
日	三	休	車	火	九	木	百	七
町	音	主	赤	書	名	年	文	大
本	文	天	立	空	子	六	入	石
早	林	夫	耳	小	花	白	四	村

P.136

体	体	体	休	体	体	体
休	休	休	休	休	休	休
体	体	体	休	体	体	体
体	休	休	休	休	休	体
体	休	体	体	体	休	体
体	休	体	体	体	休	体
体	休	休	休	休	休	体

P.137

科	科	科	秋	科	科	科
科	秋	科	秋	科	秋	科
科	科	科	秋	科	科	科
科	秋	科	秋	科	秋	科
科	科	科	秋	科	科	科
秋	秋	秋	秋	科	秋	科
秋	秋	秋	秋	科	秋	科

P.138

牛	牛	牛	牛	牛	牛	牛
午	午	牛	午	牛	午	午
牛	牛	牛	牛	牛	牛	牛
牛	午	牛	午	牛	午	牛
牛	牛	午	午	牛	牛	牛
牛	午	午	午	午	午	牛
牛	牛	牛	牛	牛	牛	牛

P.139

秋	細	肉	春	鳴	雪	通
会	南	紙	語	魚	店	顔
内	強	遠	体	組	万	走
夏	雲	線	数	線	雲	風
知	道	間	科	紙	妹	教
絵	春	答	体	店	夏	語
電	池	方	歩	数	黒	合
地	風	買	番	答	鳥	聞
頭	食	姉	魚	南	売	弱

P.140

冬	心	兄	東	門	前	野
高	馬	何	朝	茶	切	親
考	直	毎	色	船	計	歌
母	岩	読	星	寺	黄	晴
夜	記	計	馬	前	里	海
形	北	毛	光	何	門	話
船	黄	切	弟	台	茶	谷
台	毎	直	原	考	寺	声
里	昼	首	西	記	高	明

P.141

東	春	北	夏	西	春	秋
冬	科	朝	冬	時	週	南
春	西	南	秋	北	東	夏
北	風	丸	春	引	社	冬
秋	東	冬	西	北	春	東
分	方	長	夏	多	書	昼
麦	西	北	秋	東	南	園
夜	半	思	南	角	図	曜
南	夏	秋	西	春	夏	北

P.142

い	さ	た	か	み	へ	く
は	め	の	ま	な	り	ね
ら	ょ	ふ	き	あ	り	わ
け	や	じ	り	そ	ば	す
ぜ	か	ぶ	と	む	し	ゆ
つ	ば	え	ろ	べ	と	ひ
び	っ	ん	を	し	ん	て
ざ	た	ほ	た	る	ぼ	れ
こ	お	む	よ	あ	ず	の
あ	ほ	せ	る	は	う	は
ぶ	に	み	も	ち	ぬ	え

P.143

え	へ	ん	す	み	ね	し
つ	ば	め	ず	か	ら	す
き	す	ら	め	ち	は	そ
ろ	は	と	お	う	む	あ
む	や	わ	ぬ	れ	よ	ふ
つ	こ	う	の	と	り	か
る	て	る	も	め	に	も
に	さ	ぎ	ず	ひ	ば	り
わ	け	の	ゆ	ご	ほ	く
と	せ	を	こ	と	い	た
り	お	な	り	ま	ひ	さ

P.144

工	作	外	国	読	書	歩	行
会	答	里	秋	南	竹	買	遠
話	今	馬	車	算	数	心	足
親	長	北	魚	言	春	市	通
切	犬	色	紙	朝	食	雪	学
計	左	帰	空	黒	自	夜	牛
算	声	国	書	店	分	谷	肉

P.145

雪	野	園	午	谷	直	家	道
羽	黄	社	番	市	同	西	風
流	里	食	間	姉	弱	顔	親
歩	声	広	声	晴	科	来	岩
店	夜	作	刀	台	船	原	聞
夏	語	茶	鳴	昼	角	妹	週
答	麦	曜	紙	線	近	話	細
雲	後	走	古	父	売	国	引
電	強	半	新	歌	当	戸	万

P.146

校	顔	弱	紙	語	記	話	計	読
話	読	記	校	読	顔	語	組	計
組	語	絵	弱	話	語	計	記	語
野	話	組	校	計	村	読	絵	話
読	計	語	紙	記	話	語	読	計
弱	記	校	野	顔	絵	話	顔	校
紙	読	顔	組	話	計	記	語	読
記	語	話	顔	野	村	話	紙	弱
村	弱	絵	校	読	計	語	話	記

P.147

教	走	近	数	昼	食	遠	先	光
通	週	道	近	遠	週	通	週	遠
光	親	教	先	毛	走	親	食	数
食	遠	週	道	数	近	教	道	毛
先	週	毛	通	光	通	走	通	教
教	近	道	遠	食	週	毛	遠	光
走	道	数	近	親	遠	光	近	昼
親	通	遠	週	教	週	食	週	先
昼	週	毛	道	先	親	数	道	走

算数あそび ファックス資料集 改訂版

学校でも、家庭でも、友達とでも、そして一人でも、幅広くお使い頂ける算数あそびファックス資料集シリーズ全３冊の改訂版です。新作問題も多数収載！　小学校指導要領に合わせた単元構成で、クイズやパズル形式で楽しく遊びながら算数の勉強ができます。

小学校 1・2 年生

Ⅰ 数であそぼう ―数の表し方―
Ⅱ 形であそぼう ―平面図形の構成―
Ⅲ たし算あそび・ひき算あそび ―整数の加・減―
Ⅳ くらべてあそぼう ―量と測定―
Ⅴ かけ算であそぼう ―乗法・九九―
Ⅵ はこであそぼう ―立体図形の構成―

定価 1,800 円＋税／ 144 ページ
ISBN978-4-8383-1027-2

小学校 3・4 年生

Ⅰ たし算・ひき算・大きな数あそび ― 整数の表し方と、加・減 ―
Ⅱ 三角・四角・角あそび ― 平面図形の構成 ―
Ⅲ かけ算あそび ― ２位数や３位数の乗法 ―
Ⅳ わり算あそび ― 整数の除法 ―
Ⅴ 小数あそび・分数あそび
― 小数と小数の加減乗除、分数と分数の加減 ―
Ⅵ はかりっこあそび ― いろいろな単位と測定・面積 ―
Ⅶ 円と球・立体あそび ― 図形〈円と球・立体〉―
Ⅷ 数字の関係あそび ―式による表現・資料の整理と読み―

定価 1,800 円＋税／ 144 ページ　ISBN978-4-8383-1028-9

小学校 5・6 年生

Ⅰ あそべる小数 ― 小数と小数の四則計算 ―
Ⅱ あそべる図形 ― 平面図形の性質 ―
Ⅲ あそべる分数 ― 分数と、小数や分数の四則計算 ―
Ⅳ あそべる整数 ― 整数・数の性質 ―
Ⅴ あそべる面積・測定
― 量と測定、面積・単位・単位あたりの大きさ ―
Ⅵ あそべる立体・体積 ― 立体図形の性質・体積の測定 ―
Ⅶ あそべる割合・比・文字と式
― 数量の関係を数や式、表、グラフで表す ―
Ⅷ 頭をひねって ― 思考力、判断力のための算数的活動 ―

定価 1,800 円＋税／ 144 ページ　ISBN978-4-8383-1029-6

著　者
近野十志夫（こんの・としお）
1946年東京生まれ。中央大学卒業。児童雑誌編集者を経て、現在児童書の編集企画、学習クイズ、科学記事を執筆。著書に『おもしろクイズいぬ・ねこ事典』、『リサイクルなんでも実験事典』、共著『世界ふしぎ博物館』、編著『こどもノンフィクション』（全10巻）、『算数あそびファックス資料集［改訂版］』（全3冊）、『社会科あそびファックス資料集』、『理科あそびファックス資料集』（全2冊）、『日本語まんがプリント』（全3冊）などがある。

編集協力　下西泰彦
デザイン　村上佑佳
イラスト　遠藤賢一

国語あそびファックス資料集 改訂版
小学校1・2年生

2011年3月25日　第1刷発行
2012年3月20日　第2刷発行

著　者　近野十志夫
発行者　沢田健太郎
発行所　株式会社 民衆社
東京都文京区本郷4-5-9-901
TEL 03-3815-8141　FAX 03-3815-8144
DTP制作　株式会社アルスノヴァ
印刷・製本　飛来社

ISBN978-4-8383-1024-1